JN198617

50代がもっともっと楽しくなる方法

中谷彰宏

AKIHIRO NAKATANI

人生はまんざら
捨てたもんじゃない
と思った時から、
俄然楽しくなる。

中谷彰宏

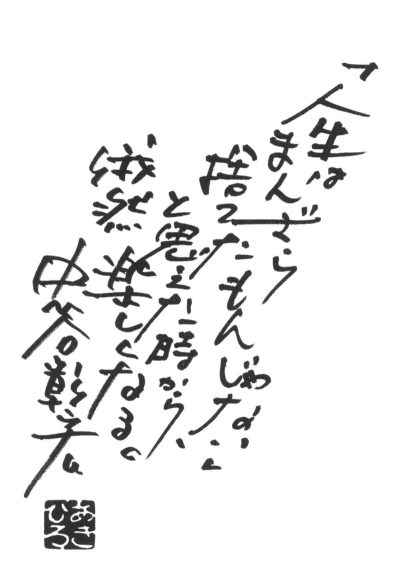

この本は、
３人のために書きました。

1　楽しみ方がわからない、50代の人。

2　50代を迎えるのが不安な、40代以下の人。

3　いつまでもワクワクしていたい、60代以上の人。

まえがき

01 不運の時もあるけど、人生は、まんざら捨てたもんじゃない。

50代になると、ラッキーとアンラッキーは、どちらも来ます。

まわりの人のラッキーが目立つと、自分のアンラッキーが余計に強く感じられます。

ここで、楽しんでいる人かどうかにわかれます。

「チョー楽しい」より、「まあ、人生はまんざら捨てたもんじゃない」を狙えばいいのです。

それを目指す人が、最もワクワクできます。

ところが、「チョー楽しい」ばかりを目指してしまうと、「だけど、ここのところがいまいち楽しくない」となるのです。

最初から１００％を目指していると楽しくないのです。

「まんざら捨てたもんじゃない」と思えると、満足度が上がってきて、幸福感を感じます。

大切なことは、幸福よりも幸福感を感じることです。

幸福感を感じている人は、「あの人はなんか幸せそうだよね」と、まわりから人が寄ってきます。

人は、幸せそうな人のところに寄っていくのです。

不幸せ感や幸薄感を出している人、恨みっぽい、悲壮感を出している人からは離れていきます。

これは負のスパイラルです。

食べる時も、「今まで食べた中で一番おいしい」を目指さないことです。

「これはこれでおいしい」というレベルで味わえると、おいしそうに食べている感じになります。

そうすれば、**お店の人にも、まわりの人からも好かれ、やがて「一緒にごはんを食べに行って楽しい」と、まわりから憧れられる存在になります。**

50代では、今までの人生を振り返ってみて、実際にどうだったかよりも、「不運なこともたくさんあったけど、まんざら捨てたもんじゃないな」と受け止められる人生観にたどり着くことが大切です。

そう感じられる人は、このあと80代まで30年ある人生をより楽しむことができるのです。

50代を楽しむ方法 01

自分が憧れる50代に、なろう。

50代を楽しむ61の方法

01 自分が憧れる50代に、なろう。
02 温情に、気づこう。
03 ウハウハより、ワクワクをしよう。
04 自分から名乗ろう。
05 愛嬌《あいきょう》を持とう。
06 年下の先生を持とう。
07 教え魔にならない。
08 素直になろう。
09 ひと目惚れをしよう。
10 仕返しより、恩返しをしよう。
11 報われることを、求めない。

12　思い出せない人に連絡しよう。

13　努力をして、損をしよう。

14　権力より、実力が上回るように学ぼう。

15　派閥に属さない。

16　報酬の安い仕事をする。

17　スピーチは、予定より、短くする。

18　話す側から、聞く側にまわろう。

19　きちんとするお手本になろう。

20　ほかのお客様の時間を奪わない。

21　下座の取り合いをしない。

22　パーティーやセミナーで、前列に座ろう。

23　そりの合わない人同士を、一緒にしない。

24　自分の考えを押しつけない。

25 むやみに人を集めない。
26 品のある人に出会って、自分の品のなさに、気づこう。
27 自分らしくないことをしよう。
28 体験量を、増やそう。
29 見学ではなく、参加しよう。
30 むずかしい体験をしよう。
31 入ったことのなかったお店に入ってみよう。
32 即ポチリをしてみよう。
33 「なんとしても、する」と宣言しよう。
34 時間やお金のせいにしない。
35 老後の貯金で、体験しよう。
36 成り行きで、予定変更しよう。
37 年がいもないことを、しよう。

38 本に書ける体験をしよう。
39 予測がつかないことを、してみよう。
40 めんど臭いことを、楽しもう。
41 家の修理係をしよう。
42 体験を増やして、幸福になろう。
43 物語を増やそう。
44 長年使っているモノを持とう。
45 何もしない旅をしよう。
46 旅で、人に会おう。
47 体を使う習いごとをしよう。
48 定年になったらすることを、今しよう。
49 体験を、プレゼントしよう。
50 メンタルを鍛えよう。

51 怒りを、よそにぶつけない。
52 ガマンしないで好きなことをしよう。
53 義理でしてくれていることに、気づこう。
54 離れていく人を、応援しよう。
55 終わることに、しがみつかない。
56 転職した仲間の悪口を言わない。
57 親の死とつき合おう。
58 明るいお葬式をしよう。
59 早寝早起きをしよう。
60 昔観た映画を、観直そう。
61 これまでの自分を、乗り越えよう。

50代がもっともっと楽しくなる方法　もくじ

まえがき　01　不運の時もあるけど、人生は、まんざら捨てたもんじゃない。　5

第1章　50代は年下の先生から学べる人が、成長する。

02　降格・減給でグチをこぼすのは、クビを回避してもらった温情に逆ギレすること。　20
03　結果でするのが、ウハウハ。プロセスでするのが、ワクワク。　23
04　自分から話しかける。　26
05　「隣に座って感じのいい人」になる。　29
06　年下の先生から学べる人が、成長する。　32
07　学んでいない人が、教え魔になる。学んでいる人は、より学ぼうとする。　34

08　まわりを「素直でない」と言う人は、自分が素直でない。　38
09　感性がなければ、ひと目惚《ぼ》れはできない。　40
10　偽善は、不善に勝《まさ》る。　43
11　よいことをした時点で、報われている。　47
12　運は、思い出せない人が運んでくれる。　50
13　努力をしたのに損をした分は、神様銀行が調整してくれる。　53

第2章　50代は権力よりも実力が上回る人が、リスペクトされる。

14　権力より、実力が上回っている人が、リスペクトされる。　58
15　派閥をつくると、情報が減って、世の中から置いていかれる。　60
16　ヴェネツィアの元首は、地位が高いほど報酬が少なかった。　63
17　スピーチを、短く。　65
18　話すことが少ない人ほど、話したがる。　69

19 「平服で」と書かれていても、きちんとする。 71
20 親しい人ほど、パーティーでさっと帰る。 73
21 上座に座るのが、大人の気配りだ。 75
22 お先にすることが、50代のマナー。 77
23 大ぜい集めようとすると、場がギクシャクする。 79
24 むやみに紹介すると、迷惑になる。 81
25 紹介することで、自己確認をしない。 83
26 マナーを身に付けても、品は身に付かない。 85

第3章 50代は自分らしくない体験で、生まれ変わる。

27 自分らしくないことを、体験することで、新しい自分が生まれる。 90
28 体験量の少ない人ほど、結果にはこだわる。 93
29 参加すると、楽しくなる。 96

30 簡単な体験より、むずかしい体験を選ぶ人が、好奇心が強い。 101
31 体験のチャンスは、身近に転がっている。 104
32 説明を聞く前に申し込むのが、体験のコツ。 107
33 「できたらいいな」では、永遠に体験できない。 111
34 体験できないのは、時間やお金がないからではない。勇気がないだけだ。 116
35 体験をガマンしてお金を貯めた人より、お金で体験を買った人のほうが、豊かだ。 119
36 成り行きは、神様からの体験のプレゼント。 122
37 年相応のことをしていると、老ける。 126
38 本が書けるのは、文章がうまい人より、体験をしている人。 129
39 どうなるかわからないことをしてみるのが、体験だ。 131

第4章 50代の楽しみは、めんど臭さにある。

40 楽しみは、めんど臭さの中にある。 134
41 手仕事をする。 137
42 幸福感は、体験の中にある。 140
43 体験の多い人は、物語の多い人になる。 143
44 最も価値のあるトランクケースは、傷だらけのトランクケースだ。 146
45 旅先で、日常体験をする。 148
46 名所ではなく、人に会う旅をする。 151
47 頭ではなく、体で習う。 153
48 「定年になったらする」ということは、定年になってもしない。 155
49 体験が、最高のプレゼントになる。 157

第5章 50代はメンタル力で、体力を逆転する。

50 メンタル力で、体力を逆転する。 160

51 怒りっぽい人は、ふだん怒られている人だ。 165
52 ガマンを卒業する。ガマンは、人のせいにしているだけだ。 168
53 義理でしてもらうと、借りができる。 171
54 すべての人は、自分のために生きているわけではない。 175
55 終わらないと、次が始まらない。 179
56 転職する仲間を、応援する。 183
57 親の死を通して自分なりの死生観を持つ。 186
58 天国に行った人は、残った人が落ち込んでいることを求めていない。 188
59 せっかく早く目が覚めることを生かす。 192
60 映画は、経験を経なければわからない。 196
61 30代は、敵と戦う。40代は、味方と戦う。50代は、自分と戦う。 199
あとがき

第1章

50代は年下の先生から学べる人が、成長する。

02

降格・減給でグチをこぼすのは、クビを回避してもらった温情に逆ギレすること。

50代になると、降格と減給という体験に迫られます。

今までは、ずっと出世の連続でした。

給料も、30代はイケイケの右肩上がりです。

40代になると、それが止まるのです。

「おや、このままイケイケで行くつもりだったのに、止まるぞ」ということが、ここでわかります。

止まるだけなら、まだいいのです。

50代になると、一生懸命働いているのに給料が下がるという事態が起こるのです。

アスリートにも、「伸びていく時期」と「止まる時期」と「下がり始める時期」があります。

ピークを過ぎて下り坂になった時に、それとどうつき合っていくかが大切です。

下り方に哲学が生まれます。


50代は長距離ランナーになっていくことです。


皇居のまわりでは、プロの選手から、市民ランナー、趣味の人まで毎日走っています。

追い越されると、イラッとして飛ばしたくなります。

ここで「どうぞ先へ行ってください」と言えるのが、ベテランランナーです。

50代には出向があります。

いわゆる「左遷」という形で関連会社に行ったり、どこか遠くへ飛ばされて、そのまま島流しのような形で一生を終える人もいます。

50代になると、たいていの人はこうした降格と減給で凹みます。

ここは感謝するところです。

本当はクビだったのに、温情で降格・減給にとどめてもらったのです。

「こんなに貢献しているのに、なんで？」と、ふてくされると、経営者と自分との間で心の温度差ができます。

「ありがたい。クビにならないで拾ってもらった」と思える人は、ここから頑張るからハッピーになれるのです。

それに気づけずに、ふてくされる人には、あとでますますつらい人生が待っています。

自分の条件が悪くなった時に、まずは「拾ってもらえてありがたい」と気づけることが大切なのです。

50代を楽しむ方法 02

温情に、気づこう。

03

結果でするのが、ウハウハ。プロセスでするのが、ワクワク。

「楽しい」には、「ウハウハ」と「ワクワク」の2通りがあります。

30代・40代は、まだウハウハで、ワクワクです。

50代は、先が見えています。

給料も下がって、役職も降格して、定年も間近と考えると、楽しくなんてなれないのです。

この人の言う「楽しい」は、「ウハウハ」を指しています。

ウハウハは、

「馬券が当たってウハウハ」

「株が上がってウハウハ」

「モテモテでウハウハ」

という時に使います。

大体が、お金とかモテとかの関係です。

ウハウハは、すでに起きたことに使う言葉で、未来に起こることには使いません。

書道を練習していて、「うまくなっていくのがウハウハ」という表現は合わないのです。

「馬券が当たりそうでウハウハ」「株が上がりそうでウハウハ」という言い方もありません。

ウハウハは、実際にお金が入ってきてから使う言葉です。

それに対して、習いごとをしている人は、いつかうまくなることを想像してワクワクします。

ダンスを習っている人は、いつかダンスパーティーに出ることを想像してワクワクするのです。

今起こっていない、結果がまだ手に入っていない段階の楽しみが、ワクワクです。

「楽しみがない」と言っている人は、「結果が手に入らない」と言っているのです。

ウハウハを求めても、ウハウハは手に入りません。

30代は、まだ手に入る可能性がありました。

50代は、ウハウハは十分手に入れたあとです。

ここから手に入れられるものは、ウハウハではなく、ワクワクです。

結果とは関係なく、今、楽しめるものをすることが、50代を楽しむ方法なのです。

50代を
楽しむ方法
03

ウハウハより、
ワクワクをしよう。

04

自分から話しかける。

50代になると、「向こうから話しかけるはずだろう」と思って、自分からは話しかけません。

挨拶も、「向こうから挨拶してしかるべきだろう」と、自分からはしません。

電話をかけて相手が出た時は「オレ」と言います。

最初に自分からは名乗りません。

50代になると、自分から名乗らなくてもみんなが知ってくれているからです。

新入社員は、自分が名乗らないと覚えてもらえません。

30代のころはまだみんなが知らないから、自分から名乗る必要があります。

ましてや、面接の時は名乗るのが当たり前です。

50代になると､転職の面接で「何を話せばいいですか。なんでも聞いてください」と、自分から話す気はまったくありません。

電車に乗って隣り合わせたり、パーティーに行っても、向こうから話しかけられた時だけ話して、自分から話すという習慣がないのです。

精神的なハードルが高いからです。

精神的なハードルを下げられるのは、ずっと話している人です。

東京駅から新幹線に乗った時は、品川までが勝負です。

東京駅から品川駅までは、新幹線で６分です。

この６分間に話せる人は、その後もずっと話せます。

浜松からは話しかけられません。

隣の人は「この人は話さない人だな」という心構えができているのです。

浜松に来ていきなり「お仕事ですか」と聞くのは、怖いです。聞かれた人が「エッ」となって、「ヘンなことを聞いてしまった」と思うと、自分もまた心を閉じてしまいます。

精神的なハードルを下げるコツは、乗った時に荷物を網棚に乗せながら話すことです。**動いている時は話しやすいのです。**

座って落ちつくと、話しにくくなります。

「挨拶はそっちからしてくるのがしかるべきだろう」「相手のほうから名乗ってくるのがしかるべき」と考えないことです。

ふだん自分から名乗れる人は、50代を楽しめるようになるのです。

50代を楽しむ方法 04

自分から名乗ろう。

05

「隣に座って感じのいい人」になる。

人間関係をつくるには、まずは出会いのチャンスが生まれることが大前提です。

出会いのチャンスはシンプルです。

お昼ごはんで相席になった時に、「ハズレ」と思われないことです。

新幹線で隣り合わせた時に、「どこか席が空いていれば移りたい」と思われないことです。

「隣り合わせた相手に感じのいい人」になるということです。

新幹線の席でもランチの相席でも、常に当たりかハズレしかないのです。

自分もそう思っていますが、自分以上に相手もそう思っています。

タクシーに乗った時に、「この運転手さん、ハズレ」と思うことがあります。

運転手さんも、「このお客様さん、ハズレ」と思っているのです。


感じのいい人になるために大切なのが、愛嬌《あいきょう》です。

50代の人に「どんな部下がいいですか」と聞くと、「やっぱり愛嬌のある人がいいよね」という答えが返ってきます。

部下にとっても、上司に大切なのは愛嬌です。

自衛隊でも、リーダーシップの要素の中に「愛嬌」が入っています。

好かれるリーダーには愛嬌があります。

50代で起こる勘違いは、リスペクトされるために、威厳を持たせようとしてシリアスな顔をしてしまうことです。

写真を撮る時も笑いません。

部下には愛嬌を求めるくせに、上司としての自分は「愛嬌を出したら負け」と思っているのです。

愛嬌は、失敗した時に出るものです。

成功の中に愛嬌はありません。

とんちんかんなオトボケが愛嬌です。

もう1つ大切なのは、失敗したあとに明るいということです。

怒って失敗を乗り切ろうとする時点で、愛嬌がないのです。

せっかく失敗できたのだから、その機会に明るさをアピールします。

失敗した時に明るくふるまうことで、みんなから慕われる50代になるのです。

50代を
楽しむ方法
05

愛嬌《あいきょう》を持とう。

06 年下の先生から学べる人が、成長する。

30代のころは、先生は年上でした。

50代になると、30代とか40代、ひょっとしたら自分の子どもくらいの歳でも凄い人はたくさんいます。

年下の凄い人から学んでいかないと、損です。

年下でも、あることに打ち込んできて、専門性を持っている人はたくさんいます。

そういう人からも学ぶ姿勢を持つことが大切です。

50代で楽しめない人は、年下から学ぶことに抵抗があります。

50代を
楽しむ方法
06

年下の先生を持とう。

「なぜ年下に習わなければいけないの？」と思っているのです。

たとえば、50代で英語を習いに行くと、先生は20代の帰国子女です。

先生に「〇〇さん、これなんと言うんでしたっけ。前にやりましたよね。何回も出てきましたよね」と言われます。

それが悔しくて、先生の歳を聞いて、「そのころは、オレはもう仕事をしていた。もう少し敬意を持て」と言いたくなるのです。

習うとは、先生が知識を習得してきたプロセスをリスペクトすることです。

50代は、まわりの人全員を先生にできる人と、年上の人しか先生にできない人とでわかれていくのです。

07

学んでいない人が、教え魔になる。学んでいる人は、より学ぼうとする。

50代に多いのは、講師やコンサルタントになりたい人です。

「今までしてきた経験をもとにコンサルタントをしたいのですが、どうしたらいいでしょうか」

「実際にセミナーを始めたのですが、生徒が集まりません。1回目は来たのに、2回目は全然来ない。どうしたらいいでしょうか」

と言うのです。

50代は、教え魔になる人が多いのです。

ゴルフの打ちっ放しで一番困るのは、教え魔の人です。

自分の連れに教えているうちはまだいいのですが、関係のない人にまで教えようとします。

特に、かわいい女性が来たりすると、「違うな。ちょっと貸してごらん」と、熱心に教え始めます。

これでその女性は来なくなります。

ゴルフ練習場からすると、営業妨害です。

そういう人は上級者にはいません。

入門者ほど、教え魔になります。

いつも教えられる側ばかりではストレスがたまるので、誰かに教えたくなるのです。

その結果、その人に「教えてください」と言う人はあらわれません。

習う側は、なかなか教えてくれない人に習いたいものです。

「教えようか」と言う人には、誰も教えを請いません。

本も、「本を書きたい」と言う人の本よりも、「本を書くなんてめんど臭い」と言う人の本を読みたいのです。

人に教えると、自己肯定感が上がります。

人に教えても教え魔にならない方法は、勉強することです。

勉強している人は、みんなから「教えてください」と言われます。

今、自分が学んでいる人は教え魔になりません。

学ぶことをやめた人が、教え魔になります。

ゴルフの練習場でも、うまい人から何かを学ぼうとして見ている人は、教えているヒマなどないのです。

「私はそこそこできる」と思っている人は、うまい人から学ぼうとしません。

そういう人は、自分よりヘタな人間を見つけて教えようとするのです。

上司は部下に教えるのが仕事です。

部下としては、まだ学び続けている上司に教わりたいのです。

講師やインストラクターも、学びたいのは自分自身がまだ学び続けている人からです。

学んでいない人は、いつ聞いても言っていることが同じです。

常に新しい話が出てくる人は、よく勉強しています。

そこにリスペクトが生まれます。

つまらない講師は、５年前に聞いた話を繰り返しています。

ギャグまでまったく同じです。

1年前に会った時と同じ話をしている人の話は、聞きたいとは思わないのです。

50代を
楽しむ方法
07

教え魔にならない。

08 まわりを「素直でない」と言う人は、自分が素直でない。

50代の人は、よく「近ごろの若いヤツらは素直じゃない」と言っています。
実際は、そう言っている本人が素直でないのです。
50代で人から愛されるのは、素直な人です。
部下には素直さを求めるのに、自分が素直でないことに気づいていないのです。
上司が素直になると、部下も素直になります。
上司に愛嬌《あいきょう》が出ると、部下にも愛嬌が出ます。
「部下が素直じゃない」と思った時は、「自分も素直でないかもしれない。相手の話をのみ込んでみよう」と気づくいいキッカケです。
「こんなことをして、お客様からクレームが来たらどうするんだ」
「それはちょっと心配性すぎますよ」
ここで「そんなことないよ」と言う人は、頭の固い人です。
柔軟な人は、「心配性なんだよ」と受け入れます。
受け入れないと、押し問答になります。
押し問答の原因は、自分の頑固さです。
いったんのみ込むことで、相手にものみ込む余裕が生まれてくるのです。
50代を
楽しむ方法
08

素直になろう。

09

感性がなければ、ひと目惚《ぼ》れはできない。

出会いがあると、人生が楽しくなります。
50代になると、ひと目惚れができなくなります。
ひと目惚れは、感性で好きになることです。
友達になることも、一種のひと目惚れです。
10代のころは、相手のことをよく知らないで友達になっていました。
私の中学時代の友達は、西川君です。
なんのことはない、「ナカタニ」「ニシカワ」で、50音順の前後だっただけです。

学校の友達とは、そういうものです。
始業式の日に「今日、帰りに家寄っていく？」と言うだけで展開するのです。
50代になると、自分のバックにはいろんなデータがあります。
そうすると、知らない人との出会いがなくなります。
まずは相手の年齢を確認します。
「仕事は何をされていますか？」「どちらの会社で？」「部署は？」「役職は？」
……と聞いて、自分と相応なバランスを一生懸命探すのです。
上下関係とメリット・デメリットを探っていると、出会いはなくなります。
おでん屋さんの屋台で隣り合わせた、知らない人と意気投合するのが「出会い」です。
出会いは、「歳いくつ？」と聞いた瞬間になくなります。
お互いのことを把握し合ったところに、出会いはありません。
仲よくしようと思ったら、取引先だったりします。
その時点で言葉づかいが少し丁寧になります。

年下かなと思っていたら年上だとわかって、その瞬間に言葉づかいが変わります。

これで出会いをなくしていくのです。

美術館で絵を見て「これ、いいな」と思うのは、ひと目惚れです。

ひと目惚れできない人は、習いごとで「先生は歳いくつですか」「誰に習われたんですか」と聞いてしまいます。

こういう人は嫌われます。

芸術作品や友達など、すべてのこととの新しい出会いがなくなるのです。

新しい出会いこそ、楽しい人生の彩りなのです。

50代を
楽しむ方法
09

ひと目惚れをしよう。

10 偽善は、不善に勝《まさ》る。

人のためにいいことをしようとする時に、照れが生まれます。

募金やボランティアなども、「あの人は偽善ぽいよね」と言われて、照れ臭いからできないのです。

電車の中で席を譲れないのは、「いい人になろうとしているのを見られたらどうしよう」という恥ずかしさからです。

しんどいから譲りたくないわけではないのです。

落ちている缶を拾ってゴミ箱に捨てる時も、「『あの人はスタンドプレーをしている』と思われたらどうしよう」という照れ臭さがあるのです。

偽善は、不善に勝ります。

「こうやったらカッコいい」という偽善でも、しないよりは、はるかにいいのです。

「偽善」と言う人は、自分では席を譲っていない人です。

席を譲っている人は、そんなことは言いません。

席を譲らない人が、「席なんか譲っていい人ぶってるけど、ここにかわいい子がいたから譲ったんでしょう」と、ケチをつけるのです。

ボランティア活動にケチをつけるのも、すべてボランティア活動をしていない人です。

そんな人に何か言われても、いっさい気にしなくていいのです。

昔は人生50年です。

50代はアディショナルタイムで、もう死んでいるのです。
死んでいるということは、神様です。
神様は、いいことをしないといけないのです。

今までのことは帳消しです。
寿命は全《まっと》うしました。

50代から先は恩返しの人生です。

「私はまだいいことをしてもらっていない」と言う人は、自分がみんなのお世話になっていることに気づけていません。

そういう人は、仕返しの人生になります。

50代から「復讐編」に入る人と「恩返し編」に入る人とにわかれるのです。

恩返し編に入った人のほうが、当然、ハッピーになれます。

仕返しで、幸せは得られません。

仕返しには仕返しで報復が来るからです。

恩返しをすると恩返しがまた返ってくるので、ますますハッピーになっていきます。
50代全員がハッピーになるわけではありません。
50代は、30代よりも、はるかにわかれ目が両極化していきます。
50代がみんな感じ悪いかというと、そんなこともありません。
凄く感じのいい大人もいれば、凄く感じの悪いオヤジもいます。
この両極端で、平均はないのです。

50代を
楽しむ方法
10

仕返しより、恩返しをしよう。

11 よいことをした時点で、報われている。

「人のためになることをしたのに、みんながほめてくれない」と言う人がいます。
「やり損」とか「気づいてくれない」と言うのです。
この人は報われることを求めています。
ここからが偽善かどうかのわかれ目です。
よいことをすることが偽善ではありません。
報われることを求め始めたら、偽善になります。
よいことをしたら、それだけで報われています。

「自己肯定感が上がる」という報酬があるのです。

「せっかく席を譲ったのに、誰も見ていなかった」

「せっかくおばあさんの荷物を上に上げてあげたのに、キャビンアテンダントさんは見てくれていなかった」

と言う人は、他者承認を求めています。


自己肯定感が一番上がるのは、誰も見ていない時によいことをする時です。


よいことをすると、少なくとも自己肯定感は上がります。

誰も見ていなくても神様が見ているので、ちゃんとどこかで「運」という形で返ってくるのです。


50代になると、「もうそろそろ報われてもいいんじゃないか」と思い始めます。

30代・40代で報われていなかったので、待っていたのです。

ここで報われておかないと、もうすぐ定年なので、一生報われません。

50代を
楽しむ方法
11

報われることを、求めない。

報われることに対する期待が一番大きいのが50代です。
にもかかわらず、目に見える形での報われ方が少ないのも50代の特徴です。
人が離れていくばかりで、年賀状も減り始めます。
「50代になったら、きっと報われる」と思って、今まで頑張ってきたのです。
それが報われなかったショックは大きいのです。
30代・40代は、「50代になったら、きっと報われる」と思っています。
その年齢になった時に、「なんだ、これは」と思うのです。
むしろ文句を言われることのほうが多いのです。
ここのショックをどう乗り越えていくかなのです。

12
運は、思い出せない人が運んでくれる。

50代になると、久しぶりの人に出会うことがあります。
しかも、思い出せないのです。
「あれ、誰だっけ」と、焦ります。
「最近は何をされているんですか」と探りを入れても、「いや、相変わらずです」
という取っかかりのない返事しか返ってきません。
神様の「運」は、ここにあります。
名刺を出せば、相手から名刺がもらえます。

「会社を辞めて、1人でこういう会社をやってます」と言われても、名刺に書かれた名前に記憶がないのです。

名前や会社名をインターネットで検索すると、その人と繋《つな》がりのある人の名前がわかります。

そこでようやく「ああ、あれの関係の人か」と思い出します。

記憶をずっと検索していくと、その人にお返しを忘れていることに気づきます。

思い出せないのは、その人自身を思い出せないだけではありません。

その人にしなければいけなかったお返しを忘れているのです。

大切なのは、その人にお世話になったことを思い出してお返しをすることです。

その人も自分にお返しをするのを忘れています。

もらい忘れているお返しを、その人から受け取ることができます。

神社やお寺に行って拝んだり、お墓に行ってご先祖様を拝むことは大切です。

それと同じように、今までお世話になった人へのお返しを思い出していくことが50代には必要です。

忙しい間は日々お世話になっている人がいるので、目の前の人にお返しをすることで精いっぱいです。

50代になると、時間ができます。

この時に、回収にまわるのではなく、自分のツケを払ってまわる旅をするのが50代なのです。

50代を楽しむ方法 12

思い出せない人に連絡しよう。

13 努力をしたのに損をした分は、神様銀行が調整してくれる。

50代は、努力をしているのに金銭的に損ばかりします。
そろそろ報われていい年齢なのに、金銭的にはまったく報われないのです。
会社では給料が下がっていきます。
出ていくお金は多いし、税金も多いのです。
年金は、いつ入ってくるかわかりません。
こんなに努力しているのに、見返りとしての報酬がないのです。
お金でのクヨクヨは大きいのです。

誰かにお金をかけても、その分の見返りがないこともあります。

その人から回収しようとしても、回収できません。

「その人にお金をかけることはやめよう」と、つい考えてしまいます。

お金は目の前の人からは返ってきません。

目の前の人が、また誰かに何かをしてあげて、それがめぐりめぐって、知らない人から自分のところに返ってくるのです。

この調整をしてくれるのが「神様銀行」です。

お金は実際の金額の損得よりも、「損した感」というメンタル的なストレスのほうが大きいのです。


誰かが儲けた話を聞くと、「あいつは何もしていないのに、なんであんなに儲けているんだ。自分は運が悪い」と、相対的に自分が損した感が湧いてきます。

一方で、自分がラッキーだった時は「実力」と考えるのです。

ゴルフでもこれがあります。
常に自分のハイスコアとの比較で、「今日は調子が悪い」と言うのです。
それはハイスコアであって、アベレージではありません。
運がよかった時に出たスコアです。
自分が運が悪かったことばかり思い出すと、ストレスになるのです。

努力をしないで稼いでいる人も実際にいます。
その人は、神様から「不運」という形で調整が入ります。
努力しているのに報酬の少ない人には、「運」という形で調整が入ります。
神様銀行を信じていれば、なんらストレスはありません。
損をしても、得をしても、結局、全員チャラです。
損をすることも得をすることも不可能なのです。
運がよくなれば、楽しくなります。

運がよくなるためには、損をすればいいのです。
「損」には、「努力しない損」と「努力する損」の2通りがあります。
寝転がっていて、「あわよくば」と思ってする損は努力がありません。
これは「あわよくば」でチャラになっています。

努力して、努力して、それでも損をしたら、神様がちゃんと「運」という形で調整してくれるのです。

50代を
楽しむ方法
13

努力をして、損をしよう。

第2章

50代は権力よりも実力が上回る人が、リスペクトされる。

14 権力より、実力が上回っている人が、リスペクトされる。

リスペクトには、「実力」と「権力」という2つの要素があります。

権力より実力が下回っているところに、リスペクトはありません。

権力より実力が上回っているところに、リスペクトが生まれます。

「あの人はもっと仕事ができるのに、もっと上に行けるのに、なんであんなところにいるのか」というのがリスペクトです。


権力と実力がつり合っている人はいません。

権力より実力が下回っているか、権力より実力が上回っているかのどちらかです。

50代を
楽しむ方法
14

権力より、実力が上回るように学ぼう。

50代になると、よくわからない役職がたくさんついて、権力だけがついてきます。
本人は「責任ばかり重くなって」と思っています。
役が上がれば、実力をつけなければならないのは当然です。
自分が持っている権力を自分の実力と勘違いしないことが大切です。
今の自分の権力（役職）と実力（勉強・知識・体験）のバランスを冷静に考えて、
常に権力以上の実力を身に付けておくように努力することです。
そのために勉強が大切になるのです。

15 派閥をつくると、情報が減って、世の中から置いていかれる。

50代になると、どうしても派閥ができてきます。

仲がいい悪い、波長が合う合わない、自分が誰の下についたかということで派閥が生まれます。

派閥にいると、心地いいのです。

「自分は○○派に属している」という安心感があるからです。

ただ、派閥の中だけにいると、1種類の情報しか入らなくなります。

情報量が減っているにもかかわらず、「自分は情報をいろいろ持っている」という勘違いが起こるのです。

その人は世の中から置いていかれます。

派閥の中にいると、派閥に好都合な情報しか入ってこなくなります。

不都合な情報は別の派閥が持っています。

『課長 島耕作』の島耕作は派閥からはみ出ていたので、情報をたくさん仕入れることができました。

一派閥にいると、心地いい分、別情報が入ってこなくなるというデメリットがあるのです。

30代のうちは、派閥の中でもそんなに上のほうにいないので、まだほかのグループとの接触があります。

50代になると、派閥の上のほうにいるので、動きにくくなります。

上に行くと、さらに心地よくなるので、入ってくる情報量が圧倒的に減っていきます。

本当は50代はもっとたくさん情報が入ってもいいのに、30代のほうが情報を持っているという逆転現象が起こるのです。

30代からは、「あの人は世の中のことを知らないよね」と思われます。

「何言ってるんだ。オレはおまえの親くらいの経験があるんだ」と言いますが、それは昔の情報です。

今の情報は何もありません。

50代は、派閥という心地よい繭《まゆ》に閉じこもってしまう危険があるのです。

50代を楽しむ方法
15

派閥に属さない。

16 ヴェネツィアの元首は、地位が高いほど報酬が少なかった。

「地位が上がれば報酬が増える」というのは、間違いです。
人間の欲しいものは、「リスペクト」と「報酬」の2つです。
この2つは同時に手に入らないのです。
リスペクトが上がれば上がるほど、報酬は下がります。
報酬が上がれば上がるほど、リスペクトは下がります。
仕事は、「ジョブ」→「キャリア」→「ミッション」と進んでいきます。
ジョブはお金のため、キャリアは自分のため、ミッションは社会のためです。

一番儲かるのはキャリアです。

ミッションになって、社会のためにとなった時点で報酬が下がります。

たとえば、都市国家ヴェネツィアの元首は給料が安いのです。

元首は貴族による選挙で務めます。

報酬がないので、貴族にしかなれないのです。

元首になった人は、私財をなげうって、破産して、名前だけが残ります。

それでも人々のために何かすることをよしとするのです。

50代になったら、「報酬がない」とか「安い」とか言わないで、人の役に立つことをしてリスペクトを残していくことです。

50代を
楽しむ方法
16

報酬の安い仕事をする。

17 スピーチを、短く。

50代は、「スピーチが長い人」と「短い人」しかいません。
長い人ばかりではないのです。
中くらいの長さの人がいないのです。
スピーチを短くするには、テーマを1つにすればいいのです。
「テーマが1つでは話した気がしない」と言う人がいます。
50代でスピーチの長い人は、テーマ3つが最低ユニットです。
3つくらい言うと、やっと「何か言ったかな」と思うのです。

本当は５つも７つも言いたいのです。

１つで終わるのは失礼だと思っているからです。


もう１つは、主催者に「短めに」と言われることを「失礼だ」と感じる人もいます。

「人に話を頼んでおいて、１つしか話させないとはどういうことだ」と思うのです。

こういう人がカラオケに行くと、１曲では終わりません。

どうせなら長めの歌、５番まである歌とかメドレーの曲を選んで、まわりから嫌われるのです。

こういう人は前置きが長くなります。

「急なご指名で」とか「諸先輩方を差しおいて」とか「何を話せばいいかとつらつら考えていたんですけれども」とか、謙遜のようなことを言いながら、前置きをずっと引っ張っているのです
聞いている人は、「早く終わらないかな」と、どんどん引いていきます。

話す側は「ウケていない」と思って、余計焦ります。

「3つ用意していたけど、もう1個のあれを出すか」と、話がどんどん長くなって、さらに引かれていくのです。

引いているところに何を言ってもダメです。

結婚式なら、「おめでとう」で終わっていいのです。

結婚式とか、誰かのお祝い・励ましに行っているのに、いつの間にか自分の話が始まる人がいます。

相手の話で終わればいいのに、自分の話を延々として、みんなに引かれるのです。

これを短くできるかどうかです。

主催者に「3分程度でお願いします」と頼まれたら、1分で終わらせます。

「3分程度」は、主催者の事務局側の意識では「1分から3分」です。

話し手側は「最低3分」と解釈して、「3分から5分だな」と思っているのです。

ここに意識の違いが生まれます。

話している時は、話し手は実際の時間より短く感じます。

聞き手は実際の時間よりも長く感じます。

話す側は「前の人が長かったから、自分も」と、どんどん延びて、どんどん引かれていきます。

短い挨拶のできる人は、みんなから大歓迎なのです。

50代を楽しむ方法 17

スピーチは、予定より、短くする。

18 話すことが少ない人ほど、話したがる。

スピーチに限らず、どんな場所でも、とにかく話したがる人がいます。

最初は聞く側にまわっていたのに、何かのチャンスで「オレもね」「私もね」が始まります。

相手の話をとってしまうのです。

こういう事態が起こるのは、話すことが少ないからです。

話のネタが少ない人ほど話したがります。

話のネタをたくさん持っている人は、聞く側にまわります。

聞く側にまわると、いろいろなことを教えてもらって、どんどんネタが増えます。

いつも話す側にいると、ネタが増えないのです。

同じ話をしても、まわりは「その話、聞きました」とは言ってくれません。

「このオヤジは同じことしか話していない」と思いながら、「エー、そうなんですか」と、適当に相づちを打っているだけです。

話すほうは「そんなことも知らないのか」と、得意になっています。

それは、いつもさんざん聞いている話です。

「この人は、よっぽど新しいことを何もしていないんだな」と思われて、リスペクトをなくすのです。

50代を
楽しむ方法
18

話す側から、聞く側にまわろう。

19 「平服で」と書かれていても、きちんとする。

パーティーの招待状に「平服で」と書かれている時に、クールビズ・ウォームビズ・ノーネクタイでパーティーに来る人がいます。

お金がないわけでも、スーツを持っていないわけでもありません。

それなのに、ノーネクタイで来る人が大ぜいいるのです。

50代になると、周年行事に招《よ》ばれるようになります。

ある周年行事では、ちゃんとした格好をした人は１０００人のうち1人でした。

みんなノーネクタイです。

中にはジャケットなしの人もいました。

そういう人はヨレヨレの靴を履いて、姿勢が悪いのです。

ジャケットを着ていても、ボタンを外しています。

女性は大きいカバンを持って、ケータイを持ってウロウロしています。

年下の人たちは、それを見て「あんなのでいいんだ」と思ってしまいます。

そこには、主催者や会場の一流ホテルへのリスペクトはありません。

会場のクオリティーは、そこに集まったお客様で決まります。

ご祝儀をはずむなら、きちんとした格好で行くことが、その場に対するリスペクトになるのです。

50代を
楽しむ方法
19

きちんとするお手本になろう。

20

親しい人ほど、パーティーでさっと帰る。

パーティーで、主催者への挨拶を独占する人がいます。
知り合いがいると、うしろに行列ができているのに長話をするのです。
お葬式でも結婚式でもパーティーでも、これがあります。
長話をしている人ほど、親しくない人です。
単に親しさをアピールしているだけです。
主催者からも「誰だっけ」と思われているのです。
親しい人ほど、さっと帰ります。

列に並んでいても、一瞬目が合って、アイコンタクトをするだけです。

ここで気を使える人が、相手の立場に立てる人です。

ここぞとばかりに長話に持ち込む人は、ここでしか連絡がとれないような人です。

アピールしておかないと相手が思い出してくれないから、長話になるのです。

「アイコンタクトで帰ったら失礼ではないか」と、心配する人もいます。

そんな心配は、まったくいりません。

アイコンタクトだけでパッと帰る人は、かえって「気を使ってくれているな」と思われて、相手からあとで連絡が来ます。

それは決してマナー違反ではないのです。

50代を楽しむ方法
20

ほかのお客様の時間を奪わない。

21 上座に座るのが、大人の気配りだ。

50代になると、上座を勧められます。

ここでの正しいマナーは、遠慮しないことです。

50代が上座を遠慮すると、あとの人はどこへ座っていいかわからなくなります。

レストランで最もみっともないのは、

「○○さん、こちらへどうぞ」

「いやいや、一番トイレに近いところで」

「いやいやいや、そんなことおっしゃらずに」

というやりとりです。

日本の社会は、席が重要です。

座るべき人が座るべきところに座ることによって、場が落ちつくのです。

レストランで、いつまでも席の譲り合いでワサワサ立っていると、近くで食事をしている人に迷惑です。

レストランの人からも「ダサい集団だな」と思われます。

妙に下座に座ろうとするから、場がグチャグチャになるのです。

席を仕切っている人に「どこに座ればいいですか」と聞いて、「ここの一番いいところに座ってください」と言われたら、サッと座ることが50代では大切なのです。

50代を
楽しむ方法
21

下座の取り合いをしない。

22

お先にすることが、50代のマナー。

50代は、立食パーティーで「どうぞ、ステージの前へ」と言われます。

この時に「いえいえ、私はこちらでけっこうです」と言って入口のところに立ち止まると、かえって邪魔です。

ステージの前が空いている時は、そこに座ります。

みんながうしろに下がってしまうと、場が盛り下がっているように見えるのです。

できるだけみんなが行きたがらない上座に行くのが、50代の役割です。

セミナーでは、隣の部屋に懇親会会場が設営されています。

ここへサッと動いてくれたら、ロスタイムがなくなって、すぐに始められます。
前のところで「お先どうぞ、お先どうぞ」が始まるのは、時間のムダです。
50代になったら、「お先どうぞ」は言わないことです。
それを言うことで、場がどんどん盛り下がって、時間ばかり食っていくのです。
企業研修に行くと、伸びる企業は会社の社長や役員が前列にちゃんと座っています。
伸びない会社は、年齢が高いほどうしろに座っています。
うしろに座る人は聞いていません。
自分は聞かないで、みんながちゃんと聞いているかどうかを監視しているだけです。
うしろに座る人は、学ぼうとしていないのです。

50代を楽しむ方法 22

パーティーやセミナーで、前列に座ろう。

23 大ぜい集めようとすると、場がギクシャクする。

50代になると、知り合いはそこそこ増えています。

長く生きているから、当然です。

ここで起こりがちなのが、むやみに紹介したがることです。

パーティーでも、「○○さんを誘おう」と言って、人を呼びたがります。

パーティーで一番大切なのは、合わない人を呼ばないことです。

外国のパーティーでは、犬猿の仲とか、そりが合わない人同士を呼ばないようにする事前チェックがあります。

人間同士なので、「この人とこの人は仲が悪い」とか「この人とこの人は会わせてはいけない仲」ということはあります。

どちらが正しいとかは関係なしに、そりが合わないことはあるのです。

呼びたがりの人は大ぜい集まることをよしとして集めてしまうので、その場がギクシャクしていくのです。

地域のホテルや旅館の研修に行くと、特に旅館では地域ナンバーワンとナンバーツーの仲が悪いことが多いのです。

「○○屋さんが来ているから、今日は帰ります」ということが実際に起こります。

それを踏まえて人を集めることが大切なのです。

50代を
楽しむ方法
23

そりの合わない人同士を、一緒にしない。

24 むやみに紹介すると、迷惑になる。

たとえば、「病院の先生に電話しておいてあげるから、行ってきなさい」と言って、紹介してあげます。

そのお医者さんは、いいお医者さんです。

自分が行くならいいのです。

ただし、相手にも行きつけのお医者さんがあるし、今までのつき合いもあります。

あとで「行った？」とか「なんで行かないの？」と言うのは、余計なお世話です。

「どこかいいお医者さんいませんかね」と言う人の中には、ドクターショッピングをしている人もいます。

「待ってました」とばかり紹介しても、1回行って、「なんかちょっと違うんだよね。もっと違うお医者さんはいませんか」と言われます。

先生は、一生懸命診てくださっているのです。

冷やかし半分の人を紹介してしまうと、病院の先生にも申しわけありません。

紹介するなら、本当に紹介していい人かどうかを見極めてからにすることです。

占い師さんと健康に関しては、それぞれが独自の価値観を持っています。

誰もがそれなりに自分の信じている占い師さんやお医者さんがいます。

それを「そんなのはダメ」と、自分の考えを押しつけないほうがいいのです。

50代を
楽しむ方法
24

自分の考えを押しつけない。

25

紹介することで、自己確認をしない。

50代でムリヤリ紹介したがる人は、「オレはこんなに顔が広い」という自己確認をしているだけです。

それをしないと不安なのです。

仕事で見せつけられないから、せめて人の紹介で見せつけたいのです。

飲み屋に行っても、電話をかけまくって、「今から出てこない？」と誘っています。

とにかく誘うのが好き、紹介するのが好きなのです。

そういう人が会議をすると、人数を集めるために関係のない人まで呼んでしまいます。

これが会社の非生産性を生み出します。

その人にとっては、小人数の会議は「会議している感」がありません。

大ぜい集まっていると「会議している感」が出てきます。

大きい会議室に大ぜい集めて、「一応聞いておいてくれ」と言うのです。

「一応聞いておいてもらったほうがいい」人を呼ばないのが、正しいメンバー構成です。

人数が増えれば増えるほど、その会議の生産性は下がっていきます。

揃うまでに時間もかかります。

自分に関係のある議題が終わっても、「じゃ、私はこれで帰らせていただきます」

と言えなくなるのです。

50代を
楽しむ方法
25

むやみに人を集めない。

26
マナーを身に付けても、品は身に付かない。

40代は、マナーを身に付ける時代でした。
50代は、品を身に付ける時代です。
マナーが身に付いたからといって、品は身に付きません。
品を身に付ける方法は、まず、品のある人に会うことです。
そのためには、品のある人がいるところに行く必要があります。
自分がじっとしていて「オレは品があるほうだ」と思うのは勘違いです。
品のある人に会ったり、冷や汗をかくような場所に行かないと、自分はいかに品

がなかったかということに気づけません。

50代になると冷や汗をかくようなところにだんだん行かなくなります。

自分がくつろげる場所に行くのです。

「くつろげる」とは、別の言い方をすると「品なくできる」ということです。

50代は50代で、背伸びをしたり、落ちつけないところ、背中に汗をかくような場所があります。

品に関しては、

①　品のある人

②「自分は品がないな」と気づいている人

③　**品のないことにも気づかない人**

の3通りにわかれます。

一番下の③の人は、「私はそれなりにちゃんとしている」と言います。

一流ホテルに行くと、時々「あれあれ」と思う品のない人がいます。

「この映画のセットのようなロビーラウンジで、ソファで寝転がってケータイを操作したらダメでしょう」「その格好でここへ来たらダメでしょう」と思われるようなことをするのは、品のないことに気づいていない人です。

「しまった。場違いなところへ来てしまった」と、冷や汗をかいている人が一番勉強になっています。

一流ホテルでは、なんの注意もされません。

「あれあれ」と思われているだけです。

そういう場所に行くと、「一流ホテルなのに、品のない人がいるんだよね」と言う人がいます。

オシャレな場所に行って、ダサい人を見て「ダサいヤツがいるよね」と言う人は、自分の目線がそちらへいっているだけです。

品を身に付ける人は、カッコいい人がいると、「あの人に比べたら、自分はなん

てみっともないことをしていたんだ」ということに気づけます。

「しまった、品がない準備で今日は来てしまった」と気づける人は、これから品のあるほうへ向かっている人です。

目はいつも自分よりもレベルの高い人を見ているからです。

よく「町を見たら、品のない人がたくさんいるんですけど」と言う人は、そういう人を見ているのです。

1000人いたら、品のある人は1人はいます。

どんな場所に行っても、常に品のある人を探せばいいのです。

50代を楽しむ方法 26

品のある人に出会って、自分の品のなさに、気づこう。

第3章

50代は自分らしくない体験で、生まれ変わる。

27

自分らしくないことを、体験することで、新しい自分が生まれる。

50代になって年相応でないこと、さらには自分らしくないことをすることによって、新たな自分を発見できます。

「なんで今までこれをしなかったんだろう」という第2の人生が始まるのです。

30代は自分探しをしています。

ところが、50代になると、自分らしさにこだわるのです。

買う服は毎回ほぼ同じで、家に帰ると「またそれ買ったの？」と言われます。

クロゼットの中身は、同じような服ばかり並んでいます。

個性が統一されているということです。

それ以外の冒険がないのです。

いくつになっても楽しむためには、攻めの姿勢が必要です。

「攻める」とは、「自分らしくないことをする」ということです。

買い物をする時は、自分らしいものと自分らしくないものの両方を買うと、その人のバリエーションが一気に広がります。

二者択一を迫られる時は、必ず自分らしいほうと自分らしくないほうがあります。

多くの人が「いつもならこっちだよね」と、自分らしいものを選びがちです。

ポテンシャルを引き出すのは、いつもと逆の選択をした時です。

「いつもならこっちは絶対選ばない」という自分らしくないほうを選ぶと、大きな市場が開けるのです。

「市場」という言い方は、ビジネス用語です。

50代になっても、自分の人生の中で、まったく手つかずの食わず嫌いの世界は残っています。

その世界に気づかないまま死んでいくのは怖いことです。

50代までの人生ですべての世界を見尽くすことはありません。

自分の知らない広大な新しい世界を見るためには、二択の時に自分らしくないほうを選んでいけばいいのです。

50代で迷うのはいいことです。

50代になると、どんどん迷いがなくなります。

50代を楽しめる人は、もっと迷おうとすることで、新しい世界を知るチャンスが生まれるのです。

50代を
楽しむ方法
27

自分らしくないことをしよう。

28

体験量の少ない人ほど、結果にはこだわる。

楽しいか楽しくないかは、結果にこだわるかこだわらないかの違いです。

結果にこだわると、楽しくなくなります。

物事には、結果が出るものと出ないものがあるからです。

結果が出ないものは半々どころか、ほとんど9割です。

9割結果が出るものは楽しくありません。

ハズレなしのくじを引くようなものです。

楽しむためには、できるだけ結果にはこだわらないようにすればいいのです。

体験量が多い人は、「結果ってあまり関係ないんだよね」と、結果にこだわらなくなります。

結果にこだわる人は、そもそも体験量が少ないのです。

そのため、「結果にこだわるな」と言ってもムリです。

それよりは、「もともとの体験量をもっと増やせ」とアドバイスすればいいのです。

結果を待つより、次の体験をします。

体験量の少ない人は、結果を待っている間、次の体験をしません。

それは、かかってこない電話をじっと見つめて待つようなもので、しんどいのです。

Aさんは畑で数種類の野菜を栽培しています。

常に別の野菜の作業をしているので、1つの野菜だけを見る必要はありません。

1種類しか植えていないBさんは、その1種類の成長をジーッと毎日見ています。

なかなか芽が出てこないと、「出ない。どうなってるんだ。中で腐ってるんじゃないか。掘り返してみるか」と、Ｂさんは掘り返してしまいます。

さらに、種屋さんに行って、「芽が出ない種を売ったんじゃないか」と文句を言ったりします。

Ａさんのように常に別の野菜の世話をしていると、「オッ、気がついたら、ここからも、あそこからも芽が出ている」と楽しむことができるのです。

50代を
楽しむ方法
28

体験量を、増やそう。

29

参加すると、楽しくなる。

楽しめない50代が好きなのは、見学です。

ダンスのレッスンでも、「とりあえず1回、見学に伺います」と来る人がいます。

中谷塾も、見学は自由にできます。

ある時、礼儀正しい人が授業の途中から見学に来ました。

10分くらいいて「大体わかりました」と出ていきました。

「あれで何がわかるのだろう」と不思議に思います。

体験してみないと、見学では永遠にわからないからです。

今、パソコンのキャッチアップのために、中高年からのパソコン教室があります。

そこに来る50代の人は２通りにわかれます。

女性は凄いです。

マニュアルは読みません。

「すみません、Ｆ１からＦ12まであるんですけど、これを押したらどうなるんですか」と、とりあえず全部のキーを押します。

これは体験型です。

男性は、マニュアルにマーカーできれいに線を引いて、ノートにまたそれを写して、その後ずっと腕を組んで、キーボードにはいっさいさわりません。

先生が「どうぞ、ご自由にやってみてください」と言うと、「もうわかったので大丈夫です」と言います。

「どれか間違えて押したら爆発するんじゃないか」と思って、さわらないのです。

男性はよく、「今日の授業は何かプリントみたいなものはないですか」と聞きます。

プリントが好きなのです。

紙物をもらうと、何か習いごとに行ったという感じがあるからです。

ボイストレーニングは、紙では表現できません。

それでも、「声を出してみてください。響きって、こんな感じで出すんですよ」と説明する先生に対して、「大体わかりました。なるほど、そうですね」と言うだけで、声を出さないのです。

50代の女性は、パソコン教室に来ると、いろいろなキーを叩くのでフリーズすることがあります。

そういう時も平気です。

コンセントを抜いて、強制終了させます。

それも、ほかの人の分までコンセントを抜きます。

間違えて抜かれた人が「アーッ」と悲鳴を上げます。

それでも、パソコンが壊れることはありません。

これが、見学ではなくて参加です。

参加しないと面白味がわからないのです。

手品のショーを見に行くと、「誰かお手伝いしてくださる方、いらっしゃいますか」と聞かれることがあります。

その時、「出たい、出たい」と、みんなが手を挙げます。

手品師は、手を挙げている人はまず当てません。

手を挙げていない50代の男性を「お手伝いしてもらえますか」と、舞台に上げます。

その50代の男性のカタさが面白いのです。

ノリノリの人を出してもあまり楽しくありません。

フランスでは、少しセクシー系の手品があります。

きれいなお姉さんと一緒にマントの中に入って、パッとマントを落とすと、オジサンが手にブラジャーを持っています。

「あら〜、手が早いですね」と言われて面白いのが、本当は出たくない50代の人なのです。

サーカスにしても、手品にしても、一緒にすることが楽しいのです。

マリックさんのショーに行くと、観客全員にスプーンが配られます。

全員でスプーン曲げをするのです。

すると、まさかのお父さんがスプーンをキュッと曲げます。

一緒にいた家族に「パパ！」と言われたお父さんが、自分の曲がったスプーンを「エッ」とビックリして見ていたそうです。

家族3人のうち、お母さんと子どもができなかったのに、お父さんだけができたのです。

これをキッカケにして、お父さんが手品にハマるのです。

50代を
楽しむ方法
29

見学ではなく、参加しよう。

30 簡単な体験より、むずかしい体験を選ぶ人が、好奇心が強い。

体験には、簡単な体験とむずかしい体験があります。

「これだったら成功できる」「これはちょっとむずかしいだろうな」という2通りの体験のうち、むずかしい体験を選べる人は好奇心が強いです。

人生における体験は、必ず簡単なほうとむずかしいほうの2択にわかれます。

むずかしいほうへどんどん行く人がハマります。

そういう人は、ジグソーパズルや模型づくりにしても、ピース数が多いほうを選びます。

むずかしいということは、すぐにはできない、時間がかかる、難易度が高いというものです。

それこそが奥が深い体験になるのです。

楽しみは、大きさではなく、奥の深さにあるからです。

楽しめない50代は、どうしても大きさにこだわってしまいがちです。

勝負は深さです。

大きさにこだわると、ワクワク感は出てきません。

深さにこだわった瞬間に、ワクワク感が出てくるのです。

その深さは、むずかしいほうの体験にあります。


面白くない仕事の1つは、単調になってしまうことです。

もう1つは、義務になっていることです。

日曜日の高級スーパーに行くと、買い物をしているのはほとんど男性です。

日曜日に料理をつくるために買い物をしているのです。

「この料理にはハーブを少し入れてみて」「この料理はローリエを入れないと」と、趣味で料理を楽しむ人です。

奥さんは義務で毎日料理をしているので、スパイス選びを楽しんでいるヒマがありません。

50代からは、むずかしい体験を選んでいくほうが楽しめるのです。

50代を
楽しむ方法
30

むずかしい体験をしよう。

31 体験のチャンスは、身近に転がっている。

「体験を増やそう」と言うと、「秘境とか行ったほうがいいんですか」と聞く人がいます。

体験をするために、遠い秘境まで行く必要はまったくありません。

体験のチャンスは、身近なところにあるからです。

長年住んでいる町で、毎日前を通っていても入ったことのないお店というのはあります。

中の様子が見えない木のドアのお店は勇気が要ります。

たまに通る時に、中がチラッと見えるようなお店、「会員制」と書いてあるお店、まだ入ったことがない地下や2階のお店、通ったことがない道というのは、近所にたくさんあります。

知らない路地を通って、「ここからこの道へ抜けられるのか」とわかると、自分の地図が入れ替わります。

一種の探検です。

遠い秘境へ行くことばかりが探検ではないのです。

探検する場所は、身近にたくさん転がっています。

ポイントは、まず、今まで入ったことがなかったお店に入ってみることです。

もちろん、当たりハズレはあります。

体験というのは、ハズレも楽しむことです。

「こういうお店が意外においしいんだよね」と思って入ってみると、「ハズレだった」ということもあります。

そういう時は、当たりかハズレしかありません。

そこそこの評価のお店を選んで守りに入らないことです。

ハズレを体験することが面白いのです。

中には、「意外にこういうお店がおいしいんだよね」と入ってみると、「これ、家以下のレベルだな。よくこれで成り立ってるよね」というお店もあります。

それはそれで1つの体験として楽しめばいいのです。

50代を楽しむ方法 31

入ったことのなかったお店に入ってみよう。

32 説明を聞く前に申し込むのが、体験のコツ。

旅行会社ベルテンポ・トラベルの高萩徳宗《たかはぎのりとし》さんは、「このお客様はあまり連れて行きたくないなと思う人のタイプが２つあります」と言っています。

1つは、「こういう旅行がこの金額でいつあるんですけど、どうですか。行きませんか。面白いですよ」と言われた時に、「いつまでに決めればいいですか」と言う人です。

もう1つは、「いつまでにお断りすればキャンセル料が発生しませんか」と質問する人です。

この2つの質問は、誘う側からするとガッカリします。

旅行ですから、ツアコンの人も一緒に行くわけです。

旅行は、誰と行くかが一番大切です。

できれば楽しい人と一緒に行きたいものです。

「こんな人と一緒に行きたい」と思う人は、「今度、○○に行くんですけど、行きませんか」と言われて、「あ、行きます」と、即答する人です。

インターネットなら、即ポチリで申し込む人です。

「まだ値段を言っていないし、日にちも言っていないけど、大丈夫ですか」と言われても、「なんとかします」と言います。


100キロのウルトラマラソンに参加する時のコツは、参加者募集のページを見つけたら、何も考えないで申し込みボタンを押すことです。

これを「即ポチリ」といいます。

日にちの調整は、本番の日が少し近づいてからできるのです。

たとえば、演劇やミュージカル、バレエの公演チケットは、半年前から販売を始めます。

半年先のその日に残業が入るか入らないかは、まだ誰にもわかりません。

近づいてから申し込もうとすると、ソールドアウトしてしまいます。

即ポチリで入れておけば、あとはなんとかなるものです。

「現地に行って具体的にどういうことをするんですか」という説明をいろいろ聞いている時点で、その人は体験しません。

聞かれても詳しい説明はできないからです。

よく「中谷塾はどういうことをされているんですか」と聞かれますが、説明のしようがありません。

中谷塾は、その日のメンバーで、前日に起きた出来事などをテーマにするので、その日になってみないと授業内容はわからないのです。

事前にレジュメが決められるものではありません。

どんなことも、体験してみればわかるし、体験しなければ、どんなに説明を聞いてもわかりません。

これが「体験」というものです。

体験する前に説明を聞く人は、結局は参加しないことになるのです。

50代を
楽しむ方法
32

即ポチリをしてみよう。

33

「できたらいいな」では、永遠に体験できない。

50代で、「講師とかインストラクターとかコンサルタントになれたらいいなと思うんですけど」と言う人がいます。

「できたらいいな」と言うことは、現実には起こりません。

「長年習ってきたので、今度は自分が先生になって教室を開こうと思うんですけど」という相談がありました。

私が、「今、会社を辞めるとしたらどれぐらい収入が必要ですか」と聞くと、

「これくらいの収入がいります」

「生徒さん1人頭いくらくらいですか」

「月8000円は欲しいですね」

「家賃はどうするんですか」

「今、教室を借りようと思っているんですけど、いくらくらいですかね」

「僕に聞かれてもわからないです」

というやりとりになりました。

家賃は事前に調べられることです。

教室の家賃プラス必要な経費を考えて、授業料8000円で生徒が何人必要という試算ができます。

必要な生徒数が集められるかどうかは、同業者に聞いてまわればわかることです。

安易な試算では、ムリということがわかります。

これが具体的な事業計画の入口です。

ただ単に「できたらいいな」と言う人は、永遠に体験できません。

これは、脱サラして自分が先生になって教室を開くというパターンです。

それだけでなく、マラソンにしても山登りにしても、「できたらいいな」と言う人は実現できません。

旅行代理店にはきれいなパンフレットがたくさん並んでいます。

「死ぬまでに○○の国へ行きたい」という夢がある人は、普通なら少なくとも旅行代理店からパンフレットを集めます。

「それはいくらくらいかかるんですか」と聞かれて、「いくらくらいですかね」と答えるのはおかしいです。

私は旅行代理店の窓口ではありません。

旅行代金なら、無料のパンフレットを持ち帰って、いくらでも調べられます。

「できたらいいな」と思っている人は、自分で調べられることも調べていないのです。

相談に来て、「いくらくらいですかね」と言う時間がもったいないです。

「できたらいいな」と思うことは、「なんとしても、する」と宣言すればいいのです。

その上で、自分で調べられることはどんどん調べます。

今はインターネットの時代で、いくらでも調べられます。

どれだけ調べに行っているかどうかが、そのことを楽しめるかどうかの違いになります。


私は、大学受験に落ちたら、ボストンに留学しようと思っていました。

映画で見たアイビー・リーグがカッコよくて、「ハーバードってどうやって行くんだろう」と興味を持ったのです。

けっこう本気だったと感じるのは、フルブライトの奨学金のもらい方の書類をもらってきていたことです。

フルブライトを知ったのは、竹村健一さんの本で「フルブライト奨学金で留学した」と読んだことがキッカケです。

私が予備校生の時に、「すみません、奨学金の申し込みの書類が欲しいんですけど」と、実際にもらいに行ったのは、あながち夢ではなかったということです。

自分がしたい体験をできるかどうかは、事前にできることをしているかどうかの差です。

私の場合は、フルブライトの申し込み用紙をもらうことがスタートラインでした。

自分でできる準備をしないまま、なんとなく偶然留学できるということはないのです。

50代を
楽しむ方法
33

「なんとしても、する」と宣言しよう。

34

体験できないのは、時間やお金がないからではない。勇気がないだけだ。

「お金がない」「時間がない」「○○がない」と、体験できないことに必ず理由をつける人がいます。

体験できている人は、お金や時間があったり、阻害要因がなかったからではありません。

たった1つ、勇気があったからです。

「勇気がないんですよね」と気づけばいいのです。

「勇気がない」と気づけたら、「これはいけない」と改善することができます。

時間やお金のせいにするのは凄くラクなのです。

「だって、仕方がない」と、そこから頑張らなくてもいいからです。

「ダンス習いたいんですけど、なかなか時間がないんですよ」と言う人は、その体験を永遠にしません。

ダンスのレッスンにはヒマな人が来ているわけではありません。

「なかなかお金がないんですよ」と言う人もいます。

もちろん、ダンスの個人レッスンは高いです。

本気でしたいことは、「毎週はムリ。月に1回しかできないけど、あとは安いところへ行けばいい」と、いろいろな作戦を立てることができます。

「お金がない」「時間がない」と言う人は、結局、それほどやる気はないということです。

「ちょっと家から遠いので」と言う人は、近くの場所でも行きません。

「もう少し安かったらするの？」と聞くと、別の理由をまた出してくるわけです。

実際に体験する人は、忙しくて、家から遠い人です。

そのほうがモチベーションが上がるのです。

中谷塾でも、遠い人のほうが参加者が多いです。

受講回数が多い人は、大体地方に住んでいる人です。

逆に近いと、「いつでも行ける」と思って、なかなか行かないのです。

会社も、家から遠い人のほうが早く来るのです。

場所が遠いという不便さや障害は、モチベーションアップに繋がります。

それは、別の言い方をすると、できないことの言いわけや大義名分にもなるのです。

50代を
楽しむ方法
34

時間やお金のせいにしない。

35

体験をガマンしてお金を貯めた人より、お金で体験を買った人のほうが、豊かだ。

50代になると、「老後のことが心配だから貯金している」と言う人がいます。

貯金しているということは、体験をガマンしているのです。

貯金はないけれども体験をたくさんした人のほうが、結局、面白い人になります。

人生が豊かになるのです。

その後の人生も変わるし、「あなたの話を聞きたい」と、みんなが集まります。

みんなに「一緒にごはんを食べましょう」「飲みに連れて行ってください」と言われるような50代の人は、実はお金がないのです。

ずっと遊びにお金を使っているからです。

いろいろな遊びをしているから、オーロラツアーに行ってオーロラが見られなかった時の話ができます。

その話を聞くだけでも面白いのです。

「オーロラが見られないのにどう過ごしたんですか」と、体験談を聞きたいわけです。

体験の多い人からは、そういう失敗談がたくさん出てきます。

映画や本にお金を全部使ったという人からは、映画と本の話が尽きません。

「オレは貯金あるぞ」と言う人は、結局、体験をサボったにすぎないのです。

そこからはなんのリカバリーもありません。

貯金は貯金で終わりです。

体験をすると、それによって人との出会いが生まれます。

さらに、その話を聞きたいという人が集まってくるので、老後の貯金を使ってでも、まず50代に体験をしておくことです。

50代からは、お金を残して生きていくか、友達をつくって生きていくか、二者択一になるのです。

体験をすることで友達ができます。

お金を残しても、友達はできません。

お金持ちには、お金目当ての人が集まるだけなのです。

50代を
楽しむ方法
35

老後の貯金で、体験しよう。

36 成り行きは、神様からの体験のプレゼント。

楽しめない50代が苦手なことは、成り行きです。

予定が大好きなのです。

旅行は、すべて行程表通りに行動します。

旅行に行くと、常にポケットには行程表が入っていて、「今は何分押し」「何分巻いた」「よし、このペースでいったら、あれも見られる」と分析します。

最もよくできている行程表は、「普通なら3つまわるところが4つまわれる」というものです。

この時に、ヤッタ感が生まれます。

「これは完璧なスケジューリングだよ。普通は2つしか見られない。３つ見れば御の字のところ、僕たちは４つ見られるんだ」というところに頑張りを見せるのです。

一緒に行く人は、最初から遅刻をします。

これですべてのダンドリが水の泡になります。

さらには「ちょっと休憩したい」と言われると、「何言ってるんだ。ここで休んでいたら、あとのダンドリがメチャクチャなことになるじゃないか。じゃ、もう好きにしろ」と放棄します。

親を連れていく旅行も同じです。

「このお花畑を見せてあげたい」「ここでおいしい料理を食べさせたい」「このショーを見せてあげたい」と、限られた時間の中でいろいろスケジューリングします。

旅行中に、「ちょっと疲れたから休みたい」「明日はゆっくり寝たい」と言われると、「もう勝手にしてくれ」という気持ちが湧いてきます。

予定を組むことも大切ですが、それ以上に大切なのは組んだ予定を捨てることです。

追加するのは簡単です。

捨てることがなかなかできないのです。

「せっかくなのに」「一生で二度とここに来るかどうかわからないのに」と思うと、成り行きを拾えません。

成り行きを拾ってしまうと、あとがメチャクチャなことになるからです。

体験は、成り行きから生まれるのです。

オーロラを見るツアーに行くと、「オーロラを見に行ったのに、オーロラが見られなかった、どういうこと？」と文句を言います。

成り行きの出来事が起きた時に、楽しめる人と楽しめない人がいるのです。

「また来ましょうね」とまわりの人たちと仲よくなる人と、「オーロラツアーでオーロラが見られないというのはどういうことだ。返金でしょう」と言う人と2通りにわかれます。

オーロラを見られた時は、それで完結です。

オーロラが見られなかった時のほうが、「またみんなで来ましょう」と、まわりの人たちと仲よくできるのです。

私は、ある焼酎のＣＭ撮影で麦畑に行きました。

その時、きれいな映像を撮るために、２日間、朝から晩まで待ちました。

ところが、麦が一番きれいな時は、刈り入れの前の梅雨時なのです。

まったく日が差しませんでしたが、あの２日間で私はスタッフと仲よくなりました。

天候が悪くて成果が得られない時は、逆に、まわりの人たちと仲よくなれるチャンスが生まれるのです。

50代を
楽しむ方法
36

成り行きで、予定変更しよう。

37
年相応のことをしていると、老ける。

50代になって何かをしようとしている人に、「年寄りの冷や水」とか「年がいもなく」とか「エッ、その歳でするんですか」と言う人がいます。

これを言っていると、老けていきます。

一気に老けてしまう人と、若くなっていく人にわかれるのです。

50代は、実年齢と精神年齢とに最も開きが生まれます。

同窓会に行くと、それがくっきりわかれます。

年相応のことをしていると、老けていくのです。

人間ドックに行った時は、「年相応ですね」と言う先生のアドバイスは聞かなくていいのです。

「自分はこういうことをしたい」とか「この運動ができる体でありたい」と言った時に、「じゃ、もっとこうしたほうがいいですね」というアドバイスをしてくれる先生を選んだほうがいいのです。

「年相応」というのは、諦めです。

「年相応」でなくていいのです。

「自分はトライアスロンをしたい。トライアスロンができる体にするには、あとは何に気をつければいいか教えてください」と聞くのが、人間ドックでの正しい聞き方です。

標準偏差に入ったと言っても、標準偏差は年相応です。

50代の真ん中あたりと言われた人は、一気に老けていきます。

病院に行くなら、自分がベストな時に行ってデータをとったほうがいいのです。

人間ドックのデータは、すべての人の平均で出した標準偏差です。
理想値ではなく、あくまで平均値です。
もう1つ信用できないのは、人間ドックに行く日にちがわかっていることです。
人間ドックに行く前の1週間は、いつもと違う生活をしています。
人間ドックに向かって調整が始まっているのです。
いつも飲んでいるお酒も飲んでいません。
これでは正確なデータ値は出ないのです。
これだけバイアスがかかっているデータには、なんの根拠もありません。
大切なのは、「年がいもなく」と言われるようなことをすることなのです。

50代を
楽しむ方法
37

年がいもないことを、しよう。

38

本が書けるのは、文章がうまい人より、体験をしている人。

50代になって「本を読んだら、自分がいつも考えているようなことを書いている人がたくさんいる。自分も経験してきたことを本に書きたい」と言う人がいます。

それは、まだ言葉になっていない内容をプロの作家が書いているのです。

そのことに気づかないで、「文章はどうしたらうまくなりますか。書きたいことはたくさんあるんだけど、文章がうまく書けない」と相談されることがあります。

もちろん、文章はうまく書けるにこしたことはありません。

それより大切なのは、書く中身のほうです。

文章がうまくても、ありきたりな話は面白くありません。

それよりは、たとえ文章は稚拙でも、とてつもない人生を送った人の話を読者は知りたいのです。

そういう本を書くためには、誰もがしていない体験をする必要があります。

その体験があるだけで、みんなが「読みたい」と思うわけです。

「私は文章教室に通っておりました。しかも5000本のAVを見て、女性の口説き方を研究しました」と言う人より、「自分は文章なんか書いたことないのですが、5000本のAVに出ていました」と言う人のほうが圧倒的に勝ちます。

研究よりも体験をすればいいのです。

50代を楽しむ方法
38

本に書ける体験をしよう。

39

どうなるかわからないことをしてみるのが、体験だ。

何かを体験する時にためらう人は、「それをしたらどうなるんですか」「どういうメリットがありますか」と言います。

最近は、1泊2日で、お寺の宿坊体験をする旅行もあります。

その申し込みの時に、「悟れますか」と聞くのはおかしいです。

大僧正が90歳で「まだ悟りが開けていない」と言うのに、「1泊2日で悟れますか」と聞く勇気は素晴らしいです。

体験をためらう人は、「それをしたらどうなるか」ということを常に考えます。

「それをすることによってどういうメリットがあるんですか」と聞いて生きてきた人は、予測がつく体験はしても、予測がつかない体験はしません。

あらゆる体験は、100個のうち99個は予測がつかないことです。

体験は、してみないとわからないし、予測がつかないから楽しいのです。

体験した人は「事前にはわからなかったけれども、こういういいことがあった」「自分の中でこんな意識の変革があった」ということがたくさん起こります。

50代になって、予測がつくものとつかないものがある時は、予測がつかないことをしてみることです。

それによって面白い体験ができるのです。

50代を
楽しむ方法
39

予測がつかないことを、してみよう。

第4章

50代の楽しみは、めんど臭さにある。

40

楽しみは、めんど臭さの中にある。

50代になると、何をするにもだんだんめんど臭くなります。

めんど臭いほうとめんど臭くないほうの2つがある時は、めんど臭くないほうを選んでしまいます。

これで体験が減るのです。

面白い体験は、めんど臭いほうにあるからです。

仕事でも趣味でも、めんど臭くないほうの道は、途中からめんど臭くなります。

手前がめんど臭く見えるほうは、その先は意外にめんど臭くありません。

途中からめんど臭くなってきた時は、「ああ、しまった。あっちか」と後悔するのではなく、面白くなってきたと考えればいいのです。

あとから振り返ると、めんど臭かったことが楽しい思い出になっています。

私はアメリカにインタビュー番組をつくりに行っている時、コンドミニアムに暮らしていました。

部屋にキッチンがついていたので、料理のためにスーパーに買い物に行きました。するとバナナの買い方がわからなくて困りました。

ただ品物をレジへ持っていくのではありません。

自分が必要な分量のバナナを袋に入れて、重さをはかって買うという形なのです。

「ほかの人が買うのを見ていよう」と考えて、バナナの売り場を見ていました。

長時間見ているうちに、トイレに行きたくなりました。

店員さんにトイレの場所を聞くと、「裏にある」と教えてくれました。

アメリカは裏の倉庫がバカでかいのです。

どこかに連れていかれてもまったくわからないぞというぐらい、トイレは遠いところにありました。

そういう体験で、半日がつぶれるのです。

バナナを買うだけで半日つぶれたというのが、楽しいアメリカ体験になりました。

50代は、めんど臭いことをどれだけ楽しめるかが勝負です。

宮崎駿さんは、いつもアニメを描きながら、「ああ、めんど臭い。めんど臭い」と言って、貧乏ゆすりをしています。

それが宮崎さんにとって一番楽しいのです。

50代からは、「めんど臭い、めんど臭い」が「楽しい、楽しい」になるのです。

50代を
楽しむ方法
40

めんど臭いことを、楽しもう。

41 手仕事をする。

50代を楽しむ人は、手作業の仕事をしています。

手作業をいとわず楽しむ人は、若いです。

手作業は一番ボケ防止になるといわれているのです。

モノをつくっていた私の親戚のオジサンたちは、みんなご長寿でした。

絵を描いたり、工作をするのが好きな人たちでした。

奥さんが亡くなって一気に老けてしまうご主人は、料理ができない人です。

自分で料理をする人は、家事ができるので老けません。

こんなに家電製品が豊かな時代になっても、家事はすべて手作業なのです。

50代の見せ場は、家の修理係です。

ドライバーセットを持って「なんでも呼んでくれ」と言う人は、みんなから愛され、感謝されます。

家の修理ができることは自分自身の強みになります。

ホームセンターに行くと、男性が生き生きしています。

ネジ1本で語り合えるのです。

ホームセンターには、「こんな道具があったよ」と驚くくらい、不思議な道具がたくさん並んでいます。

「ペンチだけでもよくこれだけ種類があるな」と感心するほど、壁中にペンチの見本があることで楽しめます。

誰かに何かをしてもらうよりは、手作業で誰かに何かをしてあげることが楽しいのです。

50歳くらいになると、家のまわりのものがいい具合に壊れてきます。

壊れたところを直すには、電話をかけて修理の人を呼ぶこともできます。

それよりは、自分で直す人のほうが、モノに対しても愛着が湧くし、自分自身が役立っているという満足感が得られるのです。

50代を
楽しむ方法
41

家の修理係をしよう。

42

幸福感は、体験の中にある。

「幸せと幸福は同じだ」と言う人がいます。

違うのです。

「幸福」とは、幸せを願うことです。

ということは、まだ「幸せ」に行っていないのです。

「結果」が「幸せ」で、「途中のプロセス」が「幸福」なのです。

幸福になろうと思うなら、体験することです。

うまくいったから幸福になるのではありません。

「これをしてみよう」と思った瞬間に、その人は幸福が始まっています。

宝くじを買う列に並んでいる人が一番幸福なのです。

パソコンを買いに行ってワクワクしている人は、お店の人が「明日届けますよ」と言っても、「いや、持って帰ります」と言います。

パソコンの箱は意外に大きいです。

あの大きい箱を電車で持ち帰る時間が一番楽しいのです。

ＤＶＤを借りに行った時は、作品を選んでいる時が楽しさの一番ピークです。

到達点が楽しいのではありません。

旅行でも、目的地に出発すると、もう帰る寂しさを味わうことになります。

海外旅行では、一番盛り上がっているのはパスポートをとるところです。

パスポートをとっている時期は、実際の旅行の日程はまだだいぶ先です。

ビザをとらなければならない国はめんど臭いです。

そのめんど臭いピザをとる時に凄くテンションが上がるのです。
幸福感のピークはかなり手前にあるということです。
それこそが体験です。

「結果」と「体験」は対極にあるものなのです。

50代を
楽しむ方法
42

体験を増やして、幸福になろう。

43 体験の多い人は、物語の多い人になる。

楽しい人は、その人が持っている物語が多いのです。

それは「こんなことがあった」という体験談になるので、聞いていても楽しいのです。

この逆が、「人間とはこうでなければならないんだ」「サラリーマンはこうでなければならないんだ」という説教です。

「かくあるべし」という理論は楽しくないのです。

モテる人は、物語が多いです。

前科何犯という人は、モテます。

この人は、犯した罪のことなど、ネタをたくさん持っています。

さらには、刑務所の中に入って、いろいろな人から話を聞いています。

刑務所の中は退屈なので、「何をしてきた」というみんなの体験談ばかりです。

そのため、話題の宝庫なのです。

つまらないのは、又《また》聞きの話です。

インターネット社会は、又聞き社会です。

「それでどうなったの？」とツッコんだ時に、「いや、そこはわからない。聞いた話だから」と言われます。

直接体験の面白さは「それがさ、こうなんだよね……」と、どこまで聞いても答えられることです。

それは、生《なま》の体験だからです。

その体験談は、成功談である必要はありません。

「えらい目に遭ったよ」という話のほうが、聞いていて面白いのです。

モテた話はあまり面白くありません。

「女のコに貢いじゃって、えらい目に遭った」と言う人のほうがモテてる感があって、「モテた」と言う人のほうが、「なんかだまされてるな、このオヤジ」という感じになります。

相手に与える印象は、話している内容と逆になるのです。

体験をすることによって物語を増やしていく人が、50代を楽しめるのです。

50代を
楽しむ方法
43

物語を増やそう。

44 最も価値のあるトランクケースは、傷だらけのトランクケースだ。

たとえば、旅行に持っていくトランクケースは「どうだ。最新式なんだぞ」「ブランドのものなんだぞ」と自慢されても、あまりカッコよくありません。

ボコボコに凹んだ傷だらけのトランクケースを見ると、「ウワッ、この人、いろいろなところに行っているんだな」とわかります。

新品のモノよりは、傷だらけのモノにその人の体験数が出るからです。

傷がないことをオシャレと思わないことです。

50代を
楽しむ方法
44

長年使っているモノを持とう。

50代になったら、長年使っているモノがあるとオシャレです。

男性が意外にわからないのは、女性は男性の傷に魅力を感じることです。

傷やケガを見られるのはイヤだなと思いがちですが、逆なのです。

女性は、「こんな傷を負っているということは、この人は何かやんちゃなことをしていたんじゃないかな」と魅力を感じます。

つるんとしていて、傷１つない、赤ちゃんのような体の男性には、女性は何も魅力を感じないのです。

45

旅先で、日常体験をする。

旅慣れてくると、旅行に行って必死に何かをすることがなくなり、日常体験をするようになります。

私の先輩でも、海外ロケが多い人は、外国に行ってずっと日本食を食べていました。

私は最初、「せっかく外国に来て、現地の食べ物とかいろいろな国の料理があるのに、なんで先輩は食べないのかな」と、不思議に思っていました。

あとから考えると、いつも通りの生活をすることは、それはそれでオシャレだなと思えるようになりました。

まじめで一生懸命な人ほど、外国に行くとスケジュールを詰めます。

「今日は何もしない日」というのは苦痛です。

「朝からゴルフに行って、必死で全ホールをまわって、午後はアクティビティーなことをして、その合間に買い物をして、夜はショーを見る」と、スケジュールをギューギューに詰めておかないと、旅行している意味がないと考えるからです。

「今日は1日、プールサイドで本を読んでいた」と言う人には、「そんなのは日本でできるじゃん。もったいない」と言います。

海外に行って、日本でいつもしていることをしたり、何もしないことができる人がリッチになるのです。

「何もしない」は、何もしていないのではありません。

その間に、頭の中ではいろいろなことを考え、感じています。

逆に、新たなことをいろいろ体験していると、初めてのことばかりに目がいってしまい、何かを見落とすことがあります。

ハワイに行って、司馬遼太郎を読むというのが面白いのです。

私は、ミラノの空港のトランジットの待ち時間で米朝師匠の落語をずっと聞いていました。

「ミラノの空港で米朝師匠の落語を聞くっていいな」と楽しめました。

病院の待合室で太宰治を読むというのも、なかなか気分が入ります。

人間ドックに行って、手塚治虫の『ブッダ』を読むのも楽しいです。

そこで突然、生と死について考えてもいいのです。

同じ本でも、読む場所で印象がガラッと変わります。

50代からは、ふだんとは違う場所で日常体験をすることが大切なのです。

50代を
楽しむ方法
45

何もしない旅をしよう。

46 名所ではなく、人に会う旅をする。

私は、「中谷さんはいろいろな国に行ったり、ホテルの仕事をしていらっしゃいますが、どこのホテルがいいですか」「どこの国がいいですか」と、よく聞かれます。

その時、私は「どこがいい」ではなく、「ここに○○さんがいますから、一度会って話を聞いてみると面白いですよ」と、人に会いに行く旅を勧めます。

建物は、見たら「凄いな」で終わりです。

「また行きたいな」とは思いません。

おいしい料理もありますが、最終的には人に会いに行く旅をすることが大切です。

その人の中に物語が集約しているからです。
お店に料理を食べに行った時は、「シェフと話したい」と言う人が楽しめる人です。
そういう人は、隣で食べていた人やウエイターの人と友達になったりします。
ラウンジやバーに行くと、そこで出会った人と友達になります。
ホテルやお店で庭をつくる庭師の人は、本当の職人さんです。
そういう職人さんと話すのも楽しいことです。
部屋まで案内してくれる仲居さんと友達になることが楽しい旅の体験になります。
体験は、必ず人間との出会いが生まれます。
出会いをすることによって、50代を楽しめるのです。

50代を楽しむ方法46

旅で、人に会おう。

47
頭ではなく、体で習う。

習いごとをする時に、楽しめない50代はどうしても理論から入ります。

頭で納得しないとできないのです。

「とりあえずやってみましょう」と言うと、「え、なんのために？」「先生、する前に気をつけることはなんですか」と聞きます。

これは、体ではなく頭でしようとしているのです。

ポイントを先に聞いてしまうと、それがバイアスになってできなくなります。

何も考えないでするると、できるのです。

たとえば、1時間のレッスンでは、最初にした時が一番うまくできます。

普通は、1時間のレッスンの中で、後半に向かってうまくなると思いがちです。

実は逆なのです。

何も考えないで、してみた1回目が一番いいのです。

時間が進むにつれて、いろいろ考え始めるので、だんだんヘタになります。

「そうか、ここを意識すればいいんだな」と、意識すればするほどヘンなところに力が入ります。

最初は何もわからないまま、とりあえずしてみればいいのです。

50代の体験としては、体を使う習いごとが楽しめるのです。

50代を
楽しむ方法
47

体を使う習いごとをしよう。

48
「定年になったらする」ということは、定年になってもしない。

50代になると、そろそろ定年が近づいてきます。

「定年になったらこういうことをする」と言う人は、定年になってもしないのです。

定年になって本当にする人は、50代の今から始めます。

定年になったらしたいことは、急に始められるものばかりではないので、今から準備を始めたほうがいいです。

3日通ってできるようになるものは、してもそれほど楽しいことではありません。

時間がかかるものが、していて楽しいものです。

3日でできることは、「できた。わぁ、面白い」と思う瞬間はあっても、楽しいまではいきません。

「面白い」は瞬間で、「楽しい」は持続性のあるものだからです。

「定年になったら時間がかかるものをしていこう」と思っていても、いざ定年になると、「時間はできたけれどもお金がかかる」「家から遠い」「体がついていかない」と、いろいろな理由をつけて「やっぱりしない」ということになります。

「今は忙しいから定年になったら」と言う人は、結局、しない口実をつくってごまかしているのです。

50代を
楽しむ方法
48

定年になったらすることを、今しよう。

49 体験が、最高のプレゼントになる。

50代は、人に何かをあげる余裕が生まれます。

プレゼントは、モノやお金ではなく、体験をプレゼントしてあげることです。

自分より若い人たちの人脈力では行けないようなところへ連れていってあげるのが最高のプレゼントになります。

世の中には、お金を払っても行けないところがあるわけです。

そういうところへ連れていって、「こういう世界があるんだぞ」と教えてあげるのが50代の役割です。

その体験から、若い人は何かを学ぶことができます。

モノやお金は、若い人も自分で手に入れられます。

体験はプレゼントしてもらわなければできないことがあります。

若い人に「何が欲しい？」と聞いて、相手が自分で買えるモノ、相手が好きなモノ、相手が得意なモノをプレゼントするのは、ただお金を出しただけです。

それではありがたみを感じてもらえないだけでなく、プレゼントする50代の側の役目を果たしていないことになります。

相手が自分では行けないような場所に連れていってあげる人が、50代を楽しめる人なのです。

50代を
楽しむ方法
49

体験を、プレゼントしよう。

第5章

50代は
メンタル力で、
体力を逆転する。

50 メンタル力で、体力を逆転する。

50代は、体力がどんどん落ちてきます。
40代は、コアトレーニングで鍛えます。
50代は、メンタル力を鍛えます。
50代は、短距離走より長距離走が強いのです。
長距離走はメンタル力が必要です。
ウルトラマラソンは、さらにメンタル力が必要です。
スポーツは、フィジカル系とメンタル系とにわかれます。

フィジカル系は若いほうが有利です。
メンタル系は、弓・アーチェリー・ゴルフ・ボウリング・ダーツなど、的に当てるゲームです。

たとえば、弓の師匠は大体ご老体です。
50代は全然若手です。
的に当てるゲームは体力よりも集中力がいるので、メンタルの戦いになるのです。
ゴルフは50代・60代でもどんどん強くなります。
ただし、道具に頼り始めると失敗します。
たしかに道具の進化はあります。

メンタル力を鍛えないで道具に頼った人は、うまくいかない時の反省がなくなって、無限にパターを買い替えることになるのです。

メンタル力を鍛えるためには、メンタル力の強いスポーツ選手を見るのも１つの方法です。

スポーツには実力プラス運が伴います。

常に運・不運があるのです。

相手が打った時は、追い風で伸びました。

自分が打った時は、向かい風で手前に落ちたり、池にハマったりします。

運が悪い時に、メンタル力がいるのです。

見たほうがいいのは、メンタルの強い人が運の悪い時にどうやってメンタルを保っているかです。

「あの人はパターとかクラブは何を使っているんだろう」というのは、間違った方向に行っています。


紳士とは、技術力のある人ではなく、メンタル力のある人のことです。

そういう人は、キャディーさんにも人気です。

キャディーさんに人気のある人が、ゴルフを楽しめる人です。

キャディーさんは、好き嫌いがくっきりわかれます。

キャディーさんは、そこで働いているプロです。

自分がついた人にいい結果を出してもらうために、アドバイスをします。

あと何ヤードというのも、ドンピシャな数字を教えてくれます。

それをまったく信じない人がいるのです。

その人はキャディーさんを味方にできません。

キャディーさんが勧めたクラブで失敗しても、それは自分のせいです。

「だから言っただろう。オレが選んだクラブでやればよかったんだ」と言う人は、キャディーさんに嫌われます。

一緒にまわる人にも嫌われます。

そこでグズグズしていると、うしろのパーティーにも嫌われて、「早く行け」と言われるのです。

好かれるのは、上手かヘタかは関係ありません。
一緒にプレーしていて楽しい人です。

50代からゴルフを始める人は、打数が多くて時間がかかります。
めんど臭いですが、一生懸命走っていたら感じがいいのです。
まずはメンタル力を鍛えることが大切なのです。

50代を
楽しむ方法
50

メンタルを鍛えよう。

51

怒りっぽい人は、ふだん怒られている人だ。

まわりの人から愛されることでハッピーになれます。

愛されない人は、怒りっぽい人です。

50代になると、「怒りっぽい人」と「怒りっぽくない人」とにわかれていきます。

全員が怒りっぽくなるわけではありません。

今までの蓄積が、ここで出てくるのです。

今までたくさんいろんな人に怒られてきた人は、ストレスがたまって、どこか怒れるところはないか、必死に探します。

本来は、40代くらいで部下をもっと怒っておいたほうがよかったのです。

その人は、グッとこらえていました。

「自分がガマンすればいいんだ」ということで、いい人を演じていたのです。

ガマンは、40代まではなんとかもちます。

50代では限界値を超えます。

そういう人は、突然、コンビニの外国人店員さんを怒鳴るのです。

やっとそういうところが見つかったのです。

アイスコーヒーとアイスティーを間違えたところで、「ここだ」と思ってミサイルのスイッチを押してしまうのです。

その人は、よほどふだん怒られてばかりで、怒る機会のなかった人です。

まじめでガマン強い人が、突然、怒り出します。

怒りを、間違ったところへぶつけます。

いわゆる「パイ投げ」です。

50代を
楽しむ方法
51

怒りを、よそにぶつけない。

飛んで来たほうと違うほうへ返すのが、パイ投げのセオリーです。

これで場が大混乱になっていくのです。

イラッとした時は、「自分はこの人にイラッとしているのではなくて、本当はあの人にイラッとしているんだな」と考えれば、今ココでぶつけなくてすみます。

原因の人に怒りをぶつけている間は、嫌われません。

原因ではない人にぶつけると、「あの人はなんでこんなところでイライラして八つ当たりするんだろう」と思われます。

結局、愛されなくなって、損をするのです。

52 ガマンを卒業する。ガマンは、人のせいにしているだけだ。

50代は、ガマン強いです。

そのガマン強さが、時として裏目に出ます。

ガマンしている人は反省しないのです。

「自分がガマンすればいい」と思っているからです。

心の中では「悪いのは部下や上司で、私じゃない。私だけがガマンすれば、この場はおさまるんだ。ただ、じっとガマンしよう」と思っています。

のみ込んだガマンは、いつか噴き出します。

「オレはこんなにガマンしているのに」「オレは損な役まわりばかりしている」と、荒れるのが50代です。

飲んで荒れるのは、ふだんはまじめな人です。

ふだんから辛口でボンボン言える人、思ったことを瞬間湯沸かし器のようにすぐ言える人は、飲んでも変わりません。

ふだんいい人ほど、飲んだ時の変貌ぶりは強烈です。

それだけためているということです。

忍耐は、反省があるからいいのです。

ガマンは、反省していません。

「オレは忍耐強い」と言いながら反省していないのは、ただガマン強いだけです。

仏教では「我慢」は「慢心」です。

「我の慢心」なので、よいことではありません。

ガマンしないで好きなことをしたほうがいいのです。
好きなことをするかわりに、自己責任を持ちます。
会議では言いたいことを言います。
部下にも、上司にも、お客様にも言いたいことを言います。
言ったことに対しては、向こうからも何かが返ってきます。
それに対しての自己責任を持つのです。
ガマンして自己責任・自己反省から逃げていたら、人生は楽しくなくなるのです。

50代を
楽しむ方法
52

ガマンしないで好きなことをしよう。

53 義理でしてもらうと、借りができる。

50代で歌・楽器・ダンスなど、自分の習いごとの発表会をすることがあります。

30代のうちは、「見に来てもらっている」という意識がまだあります。

50代になると、役職がついてそこそこ偉くなっているので、「見せてやっている」という意識になりがちです。

見に来る人は、時間を割いて、お金を払って、ほかのことを断って来てくれています。

発表会で大切なのは、たとえ自分がご招待したとしても、時間を割いて来てもらっている人に対して、少なくとも恥ずかしくないものを見せようとする姿勢です。
ヘタでもいいのです。

大切なのは「見に来てもらっている」という意識です。

「見せてやっている」という意識になると、感じが悪くなります。

発表会は、義理で来てもらっています。

来てくれた人に借りができています。

「見せてやっている」という意識の人は、逆に「貸しができた」と思っています。

この貸し借りの間違った感覚が、後々尾を引くのです。

借りができた時には「借りができた」という認識を持つことが大切です。

たとえば、講師になりたいと言っていた人がセミナーを開きました。

1回目は知り合いがみんな来てくれたのに、2回目は来ないのです。

「1回行ったから、いいでしょう」と言うのです。

来る側は「1回行ったのだから、自分には貸しがある」と思っています。

主催した側は、「いい話を聞かせているのだから、次は誰か知り合いを連れてくるのが普通じゃないの」と思っています。

ここでボタンのかけ違いが生まれるのです。


50代になると、まわりの人はいろいろな義理で来てくれています。


義理が入っていることに気づけない人は、転職でもしくじります。

「○○さんはコーヒーにうるさいから、喫茶店とかをしたらいいのに。そうしたら毎日来ますよ」と言うのは、義理で言っているのです。

この言葉をうのみにして喫茶店を始めても、誰も来ません。

「毎日来ると言ったあいつが1回来ただけで終わりって、どういうこと？」ということになるのです。

30代のころは、まだ義理は小さいのです。

50代は、会社の看板とか、今までのつき合いとか、会社対会社としての義理とか、いろいろあります。

そのことに早く気づいたほうがいいのです。

そのためには、人間として1対1のつき合いが大切になります。

50代になると、会社の中での役つきが上がります。

どうしても、会社対会社で義理で言われていることを、自分個人に言われているように錯覚しがちです。

これが50代で危ないことなのです。

50代を楽しむ方法 53

義理でしてくれていることに、気づこう。

54 すべての人は、自分のために生きているわけではない。

40代までは人と出会うことによって、どんどん自分のまわりに人が増えました。

「このままどんどん人が増えていって自分の人生は終わるんだろうな」と思っていると、50代からは自分のまわりから人が減っていくのです。

自分のケータイに登録している人たちは、よく知らない人たちばかりで数だけ増えるということが起こります。

年賀状も顔のわからない人が増えます。

仕事でも、役職がどんどん上になり、外を歩くよりはデスクにいることが増えて、現場で人と接する機会も減ります。

管理職になると、現場からどんどん離れていくのです。

「こいつは一生育ててやろう」と思っていた部下が独立したり、転職のために辞めたりします。

そうすると、妙に裏切られた感が生まれます。

仲間も、独立して自分の会社をつくったり、自営業を始めたりして、人がどんどん離れていく時に、寂しさを感じます。

この時に大切なことは、「こいつはオレが育てたんだから、ずっとついてきてくれるだろう」と思わないことです。

すべての人に事情があります。

自分のために生きているわけではありません。

離れたり、独立する人には、「別の会社に移るんだったら応援するよ」「紹介状だったら書くよ」「推薦状を書くよ」と言ってあげればいいのです。

「飼い犬に手を噛まれた。おまえはもうこの業界で食べていけなくしてやる。恩をあだで返すとはこのことだ」と言う人は、自分のために相手を生かしてやっていると思っています。

つらく感じるのは自分だけの都合にすぎないのです。


私は25年間、毎年、稲川淳二さんのミステリーナイトツアーに行っています。

稲川淳二さんは、女性に優しいだけではなく、霊にも優しいのです。

みんな霊を怖いと言いますが、稲川さんは怖がりません。

私が好きなのは、「みんな、霊に出会うと『怖い』と言うけれども、それはこっちの都合だよ」という稲川さんの話です。

霊は、別に悪意も何もありません。

悪さをしようとか、怖がらせようという考えもないのです。

ただそこに存在しているだけです。

それなのに、「怖い」と言うのは一種の差別です。

そういう人は、自分の都合だけで考えています。

「人間には人間の都合があるように、霊にも霊の都合がある」と考えてあげられるところが、稲川さんの優しさであり、魅力でもあるのです。

50代を楽しむ方法54

離れていく人を、応援しよう。

55
終わらないと、次が始まらない。

50代になると、終わることが増えてきます。

誰しも、始まるのは平気ですが、終わるのはきついのです。

「エッ、まさか」とショックを受けます。

新番組が始まるのは、みんな楽しいのです。

突然プロデューサーに「今日、終わってからちょっといいですか」と呼ばれて、イヤな予感がしていると、番組打ち切りの話だったということがあります。

始まって半年の番組が終わることにはショックを受けません。

何十年も長くやっている番組は、なんとなく自分の中では、死ぬまで続くということはないにしても、ある日突然終わりが来るとは思っていません。

終わりは、「そろそろ」という形では来ません。

ある日突然来るのです。

終わったロスに耐えられないこともあります。

長く続いているものほど、終わったショックは大きいのです。

神社に行くと、口を閉じている狛犬と口をあけている狛犬がいます。

これを「阿吽《あうん》」といいます。

「あ」は「始まり」という意味です。

「ん」は「終わり」という意味です。

50音の「あ」に始まって「ん」で終わるというのは、アマゾンのロゴマークで「AからZ」を表わしているのと同じです。

アマゾンを平仮名にして、「あ」から「ん」で終わっているのも凄くよくできているのです。

「あ」で始まって「ん」で終わるということは、「ん」で始まって「あ」で終わるのです。

終わりは始まりです。

次のことを始めたいと思うなら、終わればいいのです。

終わりが先に来るから、次の始まりがあるのです。

気持ちとしては、次が始まってから終わるというのりしろが欲しくても、実際はのりしろはありません。

終わった時は、何か始まるんだなとワクワクすればいいのです。

しかも、１つ終わるとパタパタパタッと終わります。

突然そうなると「この世の終わりだ」と、終末思想になる人がいます。

「いよいよノストラダムスがおりてきた。この世の終わりだ」と感じるのです。

50代を
楽しむ方法
55

終わることに、しがみつかない。

日本では、平安時代の西暦1000年ごろに終末論が広まりました。

それで、貴族たちはみんな浄土思想をつくったわけです。

面白いことに、ヨーロッパでも1000年のころに「この世の終わり」という末法思想が広まりました。

1つ終わる時に、パタパタパタパタッといくつものことが連動して終わっていくのです。

それは、何かが次にパタパタパタパタッと始まるチャンスだと考えればいいのです。

56

転職する仲間を、応援する。

転職する仲間がいると、

①「あいつは会社では評判がよくなかった」「あんなのは、きっと失敗するに違いない」と悪口を言う人

②「いや、偉いよな。勇気あるよな」と言える人

の２通りにわかれます。

結局、楽しめる人は、自分とは違う道を行った人に対しても、「チャレンジング

だよね」「いやぁ、自分にはできないな。ここで辞めて独立するなんて凄い」と応援したり、賞賛してあげます。

新しいビジネスを始める人に対しては、「絶対ムリ」とは言いません。「この火中の栗を拾えるって勇気あるな。これは応援してあげたい」と、危ない橋を渡る人を応援します。

「絶対失敗するよ。見ててみ」と言う人は、失敗を期待しているのです。それよりは、「これにチャレンジするのを応援してあげたい」「なんとしてでもこういうのは成功してほしい」と応援してあげると、自分もワクワクします。

成功することを目指しているか、失敗することを目指しているかの違いです。これはその人のキャラクターによって違います。

たとえば、勝ちか負けかという賭けごとをする時も2通りにわかれます。

自分が負けるほうに賭ける人は、負けます。
自分が勝つほうに賭ける人は、勝ちます。

結果は、自分が賭けたほうに向かうからです。
自分が負けるほうに賭けることは、一見リスクヘッジのように見えます。
実際は違います。
うまくいくことを目指さないと、50代を楽しむことはできないのです。

50代を
楽しむ方法
56

転職した仲間の悪口を言わない。

57

親の死を通して自分なりの死生観を持つ。

50代になると、親が80代くらいになって、ボチボチ天国に行く親をみとる必要に迫られます。

40代は、「親の老いとつき合う」介護が中心ですが、50代は「親の死とつき合う」ことになります。

そのためには、この精神的なロスとつき合う心構えを決めておくことです。

50代は、知り合いの死というのをそれなりに経験していますが、親の死を体験した時に初めて、「人は死ぬ」という死生観を突きつけられるわけです。

50代を
楽しむ方法
57

親の死とつき合おう。

お葬式をしたり、相続の手続きもある中で、骨を拾いながら、「死とはなんだろう」と考えざるを得ない、凄くリアルな問題として差し迫ってきます。

50代で自分の死生観を持っておかないと、クヨクヨした人生になるのです。

死生観には、正解はありません。

大切なことは、死生観に迷いがないことです。

あらゆる民族の中で、死生観のない民族はいません。

文化の中の1つの大切な要素として死生観があるのです。

死生観を持つためには、「すべての人が死ぬんだな」と意識することが、まず大前提として必要なのです。

58 天国に行った人は、残った人が落ち込んでいることを求めていない。

人は、急に死ぬわけではありません。

生まれた時から、だんだんと死に向かっていきます。

「亡くなったあと、四十九日まではまだこの世にいて、その間『喪中』といい、四十九日で成仏する」という仏教の考え方は、脳死の段階も死ではないです。

「百か日」という法要があります。

死後の世界では、死んだ人が六道のどこに行くかを裁判する十王がいます。

一番有名な閻魔大王は、５番目に裁判する人です。

７日・７日で法要があるのは、「この人はいいことしたよね」「少しでもいいところへお願いします」と、裁判の応援に行っているのです。

現代は、初七日や四十九日にそういう意味があることは忘れて法要しています。

百か日は、その８回の裁判が終わる日なのです。

亡くなったあとも、その日まではまだ生きているのです。

高野山に行くと、弘法大師さんはまだ生きていて、毎日お食事が出されています。

「死」には、どこからが死という境目はないのです。

私の母親が亡くなった時、母親と一番仲のよかったひとまわり上のお姉さんが「ええとこ、とっといてや」と言いました。

私は、「これは死生観としては正しいな」と思いました。

お花見で「先に行って場所とっておいて」と言うぐらいの感覚です。

あらゆる生物の生と死は、スパンと切れているものではなく、生と死のバランスがなだらかに入れ替わっていくのです。

その中で、死の比率が多くなってくるのが50代です。
死の比率は生まれた時から増えています。

たとえば、ネイティブアメリカンは、死んだ時、テントの中にご遺体を置きます。
乾燥地帯なので、すぐには腐敗しません。
それが、ある時、ご遺体がパタッと壊れるのです。
その時に初めて「亡くなったね」と言います。
そのかわり、子どもの生は生まれた時ではありません。
立って歩いた時です。
死生観が普通より若干うしろにズレているのです。
子どもをおろすのが禁止の地域は、受精した時から「生まれた」という解釈です。
私たちが属している東アジア圏の仏教の考え方は、輪廻転生です。
輪廻転生にいたっては、死は生の始まりであり、悲しむべきことではないのです。

50代を
楽しむ方法
58

明るいお葬式をしよう。

親が亡くなった時に悲しむのは、喪失感ではなくて、「もっとこうしておけばよかった」という後悔からです。

お葬式には、明るいお葬式と暗いお葬式があります。

明るいお葬式をするのは、生きている間に親孝行していた人です。

生きている間に親孝行していなかった人は、逆にお葬式で凄く泣くわけです。

笑ってお葬式をするためには、生きている時から親孝行しておけばいいのです。

本当の親孝行とは、亡くなってから頑張ることです。

「死んだら常にそばにいて見られているから、親が喜ぶように親孝行をする」と考えることが大切なのです。

59 せっかく早く目が覚めることを生かす。

50代になると、だんだん朝早く目が覚めます。

これで悩む必要はまったくありません。

これをキッカケに早寝早起きをすればいいのです。

私の実家はスナックだったので、受験勉強の時代からずっと午前3時寝でした。

家族全員同じです。

午前1時にスナックを閉めたあと、後片づけをしたり、なんだかんだしているうちに寝るのが3時になるのです。

私も勉強をしたあと、３時に寝ていました。

これが40代まではずっと私の習慣でした。

若いころからの習慣なので、それが普通になっていました。

50代になって、そのせいか、さすがに健康にダメージが来るようになりました。

何を改善しようかと思った時に、「寝る時間を早めてみようか」と、徐々に早めたのです。

やっと11時になりました。

今、毎日の就寝時刻は11時です。

健康の基本は、午後10時から午前２時までの「睡眠のゴールデンタイム」にあります。

この時間に寝ると、睡眠が深くとれるので、脳や体の疲労回復が早くできます。

かといって、仕事もあるし、いろいろなことが片づいていない間に寝るのはなかなか勇気がいります。

それでも、思いきって寝てみると大丈夫なことがわかります。

次の朝、早く起きるので、片づいてしまうのです。

睡眠時間自体は伸びていません。

睡眠のゴールデンタイムに寝ることによって、楽天ポイントの「今なら3倍」と同じように、睡眠ポイントを稼いでいるわけです。


朝早く目が覚めると、午前中の時間が圧倒的に生きます。


若いうちは、朝早く起きると、あとで必ず眠くなります。

朝眠いために、夜更かし型になりがちです。

50代の強みは、朝早く目が覚めることです。

早く寝ていると、朝何時に起きてもいいと思えるようになります。

眠くならないからです。

30代よりも圧倒的に勝てるのは、朝起きてから仕事が始まるまでの間なのです。

さらには、50代になると寝ている間にトイレの回数が増えます。

2回目に起きたら、それで起きると決めるのです。

そうすれば眠くなりません。

そこから仕事・趣味・勉強、なんでもすればいいのです。

夜中に起きるトイレの回数は、2回以上なら「頻尿だから、外来に来てください」と言われます。

2回目で起きてしまえば異常ではありません。

50代は、睡眠を改善することが大切なのです。

50代を
楽しむ方法
59

早寝早起きをしよう。

60 映画は、経験を経なければわからない。

50代では、昔、若いころに観《み》た映画をもう1回観直します。
そうすると、全然違う観方ができます。
学生時代に観て面白かった映画も、観落としていることがたくさんあります。
映画は、1回目と2回目で観方がまったく違うのです。
1回目は、ストーリーを観ます。
2回目は、ストーリー以外を観ます。
面白さは、ストーリー以外にあるのです。

2時間の映画では、最初の30分はストーリーとは関係ありません。
残り1時間半がストーリーなのです。
映画の面白さは最初の30分なのです。
若いころは、この最初の30分が「なんか、かったるいな」と思いがちです。
実際は、この部分に一番作家性があるのです。
作家が好きにできるところだからです。
後半になると、ストーリーの処理になるので、作家の個性は関係ありません。
その作家であろうがなかろうが、原作や脚本通りの展開になっていきます。
ストーリーを観てしまうと、ストーリーに関係ない最初の30分を観落とすのです。
2回目に観た時に、「こんなところに伏線が張られている」とビックリします。
映画は、ネタバレしてからが勝負なのです。
まず、ストーリー以外のいろいろなことが発見できるという楽しみが1つあります。
もう1つの楽しみは、30年後にそれをもう1回観直すことです。

30年間の自分の経験から、「この言葉って、こういう意味だったんだ」と、観方が変わります。

映画や本・文学・絵画・音楽など、あらゆる作品は、表現者が半分つくり、鑑賞者が半分担うというのが芸術です。

表現者がどんなにいいものをつくっても、鑑賞者が、自分の人生経験と勉強で成長し、その作品を観る力を身に付けないとわかりません。

映画は、人生経験を経て観直すことで、「うわ、このシーン、たしかにあったのは知っているけど、こんなに大切な意味があったんだ」と気づけるのです。

50代を楽しむ方法 60

昔観た映画を、観直そう。

あとがき

61

30代は、敵と戦う。40代は、味方と戦う。50代は、自分と戦う。

ゾンビ映画は、「ゾンビと戦う物語」と思われています。

3部構成になっていて、第1部が「ゾンビとの戦い」です。

第2部は、「人間との戦い」です。

人間同士の戦いは、「あの人はゾンビに感染しているのではないか」という疑心暗鬼から、さらに戦いが厳しくなります。

第3部は、「自分の弱い気持ちとの戦い」です。

『ジョーズ』も『エイリアン』も、すぐれた映画は、すべてこの3部構成で成り立つているのです。

これと同じことが、30代・40代・50代で起こります。
30代は、敵（競合・ライバル）との戦いです。
40代は、味方との戦いです。
敵との戦いは、まだいいのです。
味方との戦いは複雑です。
50代は、自分との戦いです。
今までの弱い自分をどう乗り越えていくかの戦いになるのです。

映画『アイアムアヒーロー』は、日本のゾンビ映画では画期的な作品です。
気が弱いのにヒーローになりたいと思っている主人公の男性が、最後に自分の気の弱さとどう戦っていくかという物語です。

これが自分との戦いです。
50代は、一見、完成されたように見えます。
今までの自分を乗り越えていくことを楽しむのが、50代なのです。

50代を
楽しむ方法
61

**これまでの自分を、
乗り越えよう。**

【秀和システム】
『なぜ あの人はいつも若いのか。』
『楽しく食べる人は、一流になる。』
『一流の人は、○○しない。』
『ホテルで朝食を食べる人は、うまくいく。』
『なぜいい女は「大人の男」とつきあうのか。』
『服を変えると、人生が変わる。』

【日本実業出版社】
『出会いに恵まれる女性がしている63のこと』
『凛とした女性がしている63のこと』
『一流の人が言わない50のこと』
『一流の男　一流の風格』

【主婦の友社】
『あの人はなぜ恋人と長続きするのか』
『あの人はなぜ恋人とめぐりあえるのか』
『輝く女性に贈る 中谷彰宏の運がよくなる言葉』
『輝く女性に贈る　中谷彰宏の魔法の言葉』

【水王舎】
『「人脈」を「お金」にかえる勉強』
『「学び」を「お金」にかえる勉強』

【毎日新聞出版】
『あなたのまわりに「いいこと」が起きる70の言葉』
『なぜあの人は心が折れないのか』

【大和出版】
『「しつこい女」になろう。』
『「ずうずうしい女」になろう。』
『「欲張りな女」になろう。』
『一流の準備力』

『好かれる人が無意識にしている言葉の選び方』（すばる舎）
『好かれる人が無意識にしている気の使い方』（すばる舎）
『昨日より強い自分を引き出す61の方法』（海竜社）
『一流のストレス』（海竜社）
『成功する人は、教わり方が違う。』（河出書房新社）
『一歩踏み出す5つの考え方』（ベストセラーズ）
『一流の人のさりげない気づかい』（ベストセラーズ）
『名前を聞く前に、キスをしよう。』（ミライカナイブックス）
『ほめた自分がハッピーになる「止まらなくなる、ほめ力」』（パブラボ）
『「ひと言」力。』（パブラボ）
『なぜかモテる人がしている42のこと』（イースト・プレス　文庫ぎんが堂）
『人は誰でも講師になれる』（日本経済新聞出版社）
『会社で自由に生きる法』（日本経済新聞出版社）
『全力で、1ミリ進もう。』（文芸社文庫）
『「気がきくね」と言われる人のシンプルな法則』（総合法令出版）
『なぜあの人は強いのか』（講談社＋α文庫）
『3分で幸せになる「小さな魔法」』（マキノ出版）
『大人になってからもう一度受けたい コミュニケーションの授業』（アクセス・パブリッシング）
『運とチャンスは「アウェイ」にある』（ファーストプレス）
『大人の教科書』（きこ書房）
『モテるオヤジの作法2』（ぜんにち出版）
『かわいげのある女』（ぜんにち出版）
『壁に当たるのは気モチイイ　人生もエッチも』（サンクチュアリ出版）
『ハートフルセックス』**【新書】**（KKロングセラーズ）
書画集『会う人みんな神さま』（DHC）
ポストカード『会う人みんな神さま』（DHC）

＜面接の達人＞
【ダイヤモンド社】
『面接の達人　バイブル版』

中谷彰宏　主な作品一覧

【PHP研究所】
『なぜあの人は、しなやかで強いのか』
『メンタルが強くなる60のルーティン』
『なぜランチタイムに本を読む人は、成功するのか。』
『中学時代にガンバれる40の言葉』
『中学時代がハッピーになる30のこと』
『14歳からの人生哲学』
『受験生すぐにできる50のこと』
『高校受験すぐにできる40のこと』
『ほんのささいなことに、恋の幸せがある。』
『高校時代にしておく50のこと』
『中学時代にしておく50のこと』

【PHP文庫】
『もう一度会いたくなる人の話し方』
『お金持ちは、お札の向きがそろっている。』
『たった3分で愛される人になる』
『自分で考える人が成功する』
『大学時代しなければならない50のこと』

【だいわ文庫】
『美人は、片づけから。』
『いい女の話し方』
『「つらいな」と思ったとき読む本』
『27歳からのいい女養成講座』
『なぜか「HAPPY」な女性の習慣』
『なぜか「美人」に見える女性の習慣』
『いい女の教科書』
『いい女恋愛塾』
『やさしいだけの男と、別れよう。』
『「女を楽しませる」ことが男の最高の仕事。』
『いい女練習帳』
『男は女で修行する。』

【学研プラス】
『美人力』（ハンディ版）
『嫌いな自分は、捨てなくていい。』

【阪急コミュニケーションズ】
『いい男をつかまえる恋愛会話力』
『サクセス＆ハッピーになる50の方法』

【あさ出版】
『孤独が人生を豊かにする』
『「いつまでもクヨクヨしたくない」とき読む本』
『「イライラしてるな」と思ったとき読む本』

【きずな出版】
『イライラしない人の63の習慣』
『悩まない人の63の習慣』
『いい女は「涙を背に流し、微笑みを抱く男」とつきあう。』
『ファーストクラスに乗る人の自己投資』
『いい女は「紳士」とつきあう。』
『ファーストクラスに乗る人の発想』
『いい女は「言いなりになりたい男」とつきあう。』
『ファーストクラスに乗る人の人間関係』
『いい女は「変身させてくれる男」とつきあう。』
『ファーストクラスに乗る人の人脈』
『ファーストクラスに乗る人のお金2』
『ファーストクラスに乗る人の仕事』
『ファーストクラスに乗る人の教育』
『ファーストクラスに乗る人の勉強』
『ファーストクラスに乗る人のお金』
『ファーストクラスに乗る人のノート』
『ギリギリセーーフ』

【ぱる出版】
『品のある稼ぎ方・使い方』
『察する人、間の悪い人。』
『選ばれる人、選ばれない人。』
『一流のウソは、人を幸せにする。』
『セクシーな男、男前な女。』
『運のある人、運のない人』
『器の大きい人、器の小さい人』
『品のある人、品のない人』

【リベラル社】
『チャンスをつかむ 超会話術』
『自分を変える 超時間術』
『一流の話し方』
『一流のお金の生み出し方』
『一流の思考の作り方』
『一流の時間の使い方』

『改革王になろう』
『サービス王になろう２』
『サービス刑事』

【あさ出版】
『気まずくならない雑談力』
『人を動かす伝え方』
『なぜあの人は会話がつづくのか』

【学研プラス】
『頑張らない人は、うまくいく。』
文庫『見た目を磨く人は、うまくいく。』
『セクシーな人は、うまくいく。』
文庫『片づけられる人は、うまくいく。』
『なぜ あの人は２時間早く帰れるのか』
『チャンスをつかむプレゼン塾』
文庫『怒らない人は、うまくいく。』
『迷わない人は、うまくいく。』
文庫『すぐやる人は、うまくいく。』
『シンプルな人は、うまくいく。』
『見た目を磨く人は、うまくいく。』
『決断できる人は、うまくいく。』
『会話力のある人は、うまくいく。』
『片づけられる人は、うまくいく。』
『怒らない人は、うまくいく。』
『ブレない人は、うまくいく。』
『かわいがられる人は、うまくいく。』
『すぐやる人は、うまくいく。』

【リベラル社】
『問題解決のコツ』
『リーダーの技術』

『歩くスピードを上げると、頭の回転は速くなる。』（大和出版）
『結果を出す人の話し方』（水王舎）
『一流のナンバー２』（毎日新聞出版）
『なぜ、あの人は「本番」に強いのか』（ぱる出版）
『「お金持ち」の時間術』（二見レインボー文庫）
『仕事は、最高に楽しい。』（第三文明社）
『「反射力」早く失敗してうまくいく人の習慣』（日本経済新聞出版社）
『伝説のホストに学ぶ 82 の成功法則』（総合法令出版）
『リーダーの条件』（ぜんにち出版）
『転職先はわたしの会社』（サンクチュアリ出版）
『あと「ひとこと」の英会話』（DHC）
『あと「ひとこと」の英会話』（DHC）
『あと「ひとこと」の英会話』（DHC）
『状況は、自分が思うほど悪くない。』（リンデン舎）
『速いミスは、許される。』（リンデン舎）

＜恋愛論・人生論＞
【ダイヤモンド社】
『25 歳までにしなければならない 59 のこと』
『大人のマナー』
『あなたが「あなた」を超えるとき』
『中谷彰宏金言集』
『「キレない力」を作る 50 の方法』
『30 代で出会わなければならない 50 人』
『20 代で出会わなければならない 50 人』
『あせらず、止まらず、退かず。』
『明日がワクワクする 50 の方法』
『なぜあの人は 10 歳若く見えるのか』
『成功体質になる 50 の方法』
『運のいい人に好かれる 50 の方法』
『本番力を高める 57 の方法』
『運が開ける勉強法』
『ラスト３分に強くなる 50 の方法』
『答えは、自分の中にある。』
『思い出した夢は、実現する。』
『面白くなければカッコよくない』
『たった一言で生まれ変わる』
『スピード自己実現』
『スピード開運術』
『20 代 自分らしく生きる 45 の方法』
『大人になる前にしなければならない 50 のこと』
『会社で教えてくれない 50 のこと』
『大学時代しなければならない 50 のこと』
『あなたに起こることはすべて正しい』

中谷彰宏　主な作品一覧

<ビジネス>

【ダイヤモンド社】

『なぜあの人は感情的にならないのか』
『50代でしなければならない55のこと』
『なぜあの人の話は楽しいのか』
『なぜあの人はすぐやるのか』
『なぜあの人は逆境に強いのか』
『なぜあの人の話に納得してしまうのか［新版］』
『なぜあの人は勉強が続くのか』
『なぜあの人は仕事ができるのか』
『なぜあの人は整理がうまいのか』
『なぜあの人はいつもやる気があるのか』
『なぜあのリーダーに人はついていくのか』
『なぜあの人は人前で話すのがうまいのか』
『プラス1％の企画力』
『こんな上司に叱られたい。』
『フォローの達人』
『女性に尊敬されるリーダーが、成功する。』
『就活時代しなければならない50のこと』
『お客様を育てるサービス』
『あの人の下なら、「やる気」が出る。』
『なくてはならない人になる』
『人のために何ができるか』
『キャパのある人が、成功する。』
『時間をプレゼントする人が、成功する。』
『ターニングポイントに立つ君に』
『空気を読める人が、成功する。』
『整理力を高める50の方法』
『迷いを断ち切る50の方法』
『初対面で好かれる60の話し方』
『運が開ける接客術』
『バランス力のある人が、成功する。』
『逆転力を高める50の方法』
『最初の3年その他大勢から抜け出す50の方法』
『ドタン場に強くなる50の方法』
『アイデアが止まらなくなる50の方法』
『メンタル力で逆転する50の方法』
『自分力を高めるヒント』
『なぜあの人はストレスに強いのか』
『スピード問題解決』
『スピード危機管理』
『一流の勉強術』
『スピード意識改革』
『お客様のファンになろう』
『なぜあの人は問題解決がうまいのか』
『しびれるサービス』
『大人のスピード説得術』
『お客様に学ぶサービス勉強法』
『大人のスピード仕事術』
『スピード人脈術』
『スピードサービス』
『スピード成功の方程式』
『スピードリーダーシップ』
『出会いにひとつのムダもない』
『お客様がお客様を連れて来る』
『お客様にしなければならない50のこと』
『30代でしなければならない50のこと』
『20代でしなければならない50のこと』
『なぜあの人は気がきくのか』
『なぜあの人はお客さんに好かれるのか』
『なぜあの人は時間を創り出せるのか』
『なぜあの人は運が強いのか』
『なぜあの人はプレッシャーに強いのか』

【ファーストプレス】

『「超一流」の会話術』
『「超一流」の分析力』
『「超一流」の構想術』
『「超一流」の整理術』
『「超一流」の時間術』
『「超一流」の行動術』
『「超一流」の勉強法』
『「超一流」の仕事術』

【PHP研究所】

『もう一度会いたくなる人の聞く力』
『【図解】仕事ができる人の時間の使い方』
『仕事の極め方』
『【図解】「できる人」のスピード整理術』
『【図解】「できる人」の時間活用ノート』

【PHP文庫】

『入社3年目までに勝負がつく77の法則』

【オータパブリケイションズ】

『レストラン王になろう2』

著者略歴

中谷 彰宏（なかたに あきひろ）

1959年、大阪府生まれ。早稲田大学第一文学部演劇科卒。博報堂に入社し、8年間のCMプランナーを経て、91年、独立し、株式会社中谷彰宏事務所を設立。人生論、ビジネスから恋愛エッセイ、小説まで、多くのロングセラー、ベストセラーを送り出す。中谷塾を主宰し、全国で講演活動を行っている。

※本の感想など、どんなことでもお手紙を楽しみにしています。
他の人に読まれることはありません。**僕は本気で読みます。**

中谷彰宏

〒460-0008　名古屋市中区栄3-7-9 新鏡栄ビル8F　株式会社リベラル社　編集部気付
中谷彰宏　行

※食品、現金、切手等の同封はご遠慮ください（リベラル社）

[中谷彰宏　公式サイト] http://www.an-web.com/

中谷彰宏は、盲導犬育成事業に賛同し、この本の印税の一部を（公財）日本盲導犬協会に寄付しています。

EYE LOVE EYE

視覚障害その他の理由で活字のままでこの本を利用できない人のために、営利を目的とする場合を除き「録音図書」「点字図書」「拡大写本」等の製作をすることを認めます。その際は著作権者、または出版社までご連絡ください。

装丁デザイン　宮下ヨシヲ（サイフォン・グラフィカ）
本文デザイン　渡辺靖子（リベラル社）
取材協力　丸山孝
校正・校閲　宇野真梨子
編集　堀友香・上島俊秀（リベラル社）
編集人　伊藤光恵（リベラル社）
営業　榎正樹（リベラル社）

編集部　猫塚康一郎
営業部　津田滋春・廣田修・青木ちはる・中西真奈美・澤順二

写真提供　JUICE Images／アフロ

50代がもっともっと楽しくなる方法

2018年1月22日　初版

著　者　中谷彰宏
発行者　隅田直樹
発行所　株式会社 リベラル社
〒460-0008 名古屋市中区栄3-7-9 新鏡栄ビル8F
TEL 052-261-9101　FAX 052-261-9134
http://liberalsya.com
発　売　株式会社 星雲社
〒112-0005 東京都文京区水道1-3-30
TEL 03-3868-3275

©Akihiro Nakatani 2018 Printed in Japan
落丁・乱丁本は送料弊社負担にてお取り替えいたします。
ISBN978-4-434-24204-5

リベラル社　中谷彰宏の好評既刊

チャンスをつかむ 超会話術

会話量を増やし成功がついてくる、会話が弾む62の具体例。

自分を変える 超時間術

時間の使い方を変え、生まれ変わるための62の具体例。

チームを成長させる
問題解決のコツ

問題を乗り越える力が育つ、チームが解決に動き出す61の具体例。

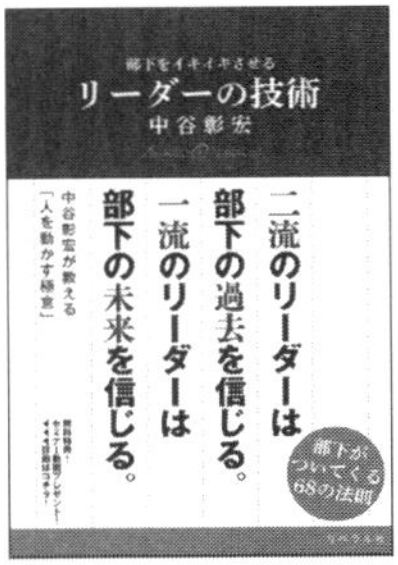

部下をイキイキさせる
リーダーの技術

部下を成功に導く一流リーダーの、部下がついてくる68の法則。

すべて　四六判／208ページ／1,300円＋税